SERÁ QUE EU ESTOU AGRADANDO?

Dados Internacionais de Catalogação na Publicação (CIP)
(Câmara Brasileira do Livro, SP, Brasil)

Souza, Fabio de Vasconcellos
Será que eu estou agradando? / Fabio de Vasconcellos. –
São Paulo: Ícone, 1997.

ISBN 85-274-0455-9

1. Auto-aceitação 2. Autoconsciência 3. Felicidade 4. individualidade I. Título.

97-2604   CDD-158.1

Índices para catálogo sistemático:

1. Reencontro pessoal: Psicologia-aplicada   158.1

FABIO DE VASCONCELLOS SOUZA

SERÁ QUE EU ESTOU AGRADANDO?

Ícone editora

© Copyright 1997.
Ícone Editora Ltda

Capa
Fabio de Vasconcellos Souza

Diagramação
Rosicler Freitas Teodoro

Revisão
Antônio Carlos Tosta

Proibida a reprodução total ou parcial desta obra,
de qualquer forma ou meio eletrônico, mecânico,
inclusive através de processos xerográficos,
sem permissão expressa do editor
(Lei nº 5.988, 14/12/1973).

Todos os direitos reservados pela
ÍCONE EDITORA LTDA.
Rua das Palmeiras, 213 — Sta. Cecília
CEP 01226-010 — São Paulo — SP
Tels. (011)826-7074/826-9510

"Aventurar-se causa ansiedade, mas deixar de arriscar-se é perder a si mesmo. E aventurar-se no sentido mais elevado é precisamente tomar consciência de si próprio."

Kierkgaard

Este livro não é um tratado científico para ser usado por intelectuais ou por psicólogos. Ele foi escrito com a finalidade de servir de alguma ajuda às pessoas leigas que estão tendo coragem de tentar reencontrar-se.

"Uma vez que se tenha encontrado a si mesmo, é preciso saber, de tempo em tempo, perder-se e depois reencontrar-se."

F. Nietzsche

Prefácio

Nesta época de transformações rápidas e tão grandes nos diversos campos da atividade humana, de mudanças sociais que trazem uma nítida reversão de padrões e de valores, para podermos ser felizes, temos de ter a habilidade de um verdadeiro malabarista.

Apesar de todo o esforço, o ser humano não conseguiu afastar-se da ansiedade, da insegurança, do medo, da solidão afetiva e do vazio, e continua numa corda bamba tentando equilibrar-se como pode e como Deus quer. As constantes e complexas mudanças do organismo social sopram como um forte vento, que abala o equilíbrio das pessoas e as fazem pensar que nunca terão paz, nem segurança.

O homem que hoje está aí, fruto dessa civilização moderna, mostra-se cada vez mais tenso. Para ser amado e sentir-se mais seguro, muitas vezes, lança mão de recursos que acabam dificultando ainda mais o seu equilíbrio e tornando-o mais vulnerável à neurose e à infelicidade.

No meio de tantos empurrões e de tanta dificuldade há os que conseguem equilibrar-se. Mas não são muitos, a maioria necessita de alguma ajuda.

Sem a pretensão de apresentar novas teorias ou de ditar regras para se alcançar a felicidade, este livro pretende apenas reafirmar, de uma maneira simples, a importância da individualidade e do autoconhecimento; pretende também estimular as pessoas a terem coragem de iniciar um processo de readequação à realidade e de assumirem a responsabilidade pela reformulação de suas próprias vidas.

Sumário

Prólogo 11

Dentro de nós há um indivíduo 13

A família vai indo bem, obrigado 21

A rivalidade entre irmãos 35

O ciúme e a inveja caminham juntos 45

Aprendendo a ser sogra 55

Não desista de amar 65

Nem sempre as dificuldades sexuais
têm origem orgânica 79

O impacto das emoções no nosso organismo 93

Não tenha medo de sentir medo 103

A um passo da velhice 115

Epílogo 123

Bibliografia 125

Prólogo

Nasci.
Não foi traumatizante como muitos afirmam.
Foi um ato compartilhado.
Conquistei um novo espaço.
Saí do fisiológico para o social.
Fui criativo, respirei e estou vivo.
Agora sou um indivíduo, mas não estou só.
Só não resistiria.
Estou com eles, no mundo deles,
no meu mundo, no meu palco.
Vejo a matriz...
Vejo a matriz da minha identidade, vejo meu grupo, meu público.
Preciso deles. Preciso que precisem de mim.
Sou público e ator, exatamente como eles.
Preciso ser aceito. Preciso ser amado.
 Então amoldo-me, perco minha individualidade. Falo a mesma língua, marcho ao mesmo passo, danço a mesma música, acredito nas mesmas coisas. Tenho de ser igual. Não quero a culpa de não ser um deles. Preciso ser igual para ser normal.
 Então visto o uniforme, sigo as normas, respondo às expectativas. Não sou mais esquisito. Não sou mais estranho.

Sou um deles. Sou eles. Já não sei mais quem sou. Então me procuro e na procura me perco.

Nas luzes me ofusco, no dinheiro me gasto, sufoco-me no abraço, na inveja adoeço, no orgulho me escondo, no medo me prendo, na vida não vivo, apenas existo.

Então me procuro, mas meus valores me prendem a um passado que não existe e as ansiedades do futuro absorvem esse momento que não vivo.

Então na neurose me encouraço, meus olhos se fecham e, que pena, a vida passa.

Fabio

Dentro de nós há um indivíduo

Os seres humanos se parecem, mas os indivíduos são sempre diferentes. Os indivíduos não são iguais e é bastante prejudicial desconhecer ou não dar a devida importância a essas desigualdades.

A LUTA CONTRA A ESTANDARDIZAÇÃO

Por que será que a sociedade moderna insiste em estandardizar os homens? Talvez, por ser esta a maneira mais fácil de controlá-los, responderiam muitas pessoas. De fato, é a maneira mais fácil, mas também a mais cruel, pois dada a incapacidade de elevar os inferiores e na tentativa de se promover a igualdade, pode-se trazer todos ao mais baixo nível.

Se não respeitarmos a individualidade, correremos o risco de pensar que o homem pode ser educado e conduzido a viver e a trabalhar em grandes rebanhos, tal como ovelhas. Desapareceria assim a força da individualidade, a riqueza da personalidade.

Como o homem é o produto do seu meio, dos hábitos de vida e de pensamentos que a sociedade lhe impõe, precisa cuidar para não aceitar cegamente tudo o que lhe é oferecido. Se não tiver consciência disso, poderá se tornar cada vez mais acanhado, acomodado, ininteligente e incapaz de se autodirigir. As modernas condições da vida atual podem provocar um estado de diminuição intelectual, moral e fisiológica no indivíduo; por isso, é preciso ajudá-lo a recuperar sua saúde e o domínio de sua personalidade.

Não podemos confundir homem normal, homem equilibrado, com homem domesticado, o qual já não é mais dono do seu nariz.

O homem se encontra intimamente ligado ao meio e a sua existência não é independente. Por isso, é lógico que só poderemos mudá-lo na medida que transformarmos o mundo que o rodeia. Infelizmente, as estruturas sociais não são fáceis de alterar. Mas, mesmo assim, o homem pode e deve iniciar já a sua reconstrução, começando por não aceitar aleatoriamente todos os moldes que a educação e a sociedade lhe oferecem. É necessário que lute contra a estandardização, esforçando-se para tornar-se senhor de si mesmo; e por isso e para isso precisa conhecer-se profundamente, respeitar a sua individualidade e ter coragem para expressar a sua personalidade.

Afinal de contas, qual o objetivo mais importante de uma sociedade justa senão o desenvolvimento da personalidade dos seus integrantes?

A PERSONALIDADE

É a personalidade o que mais distingue os homens entre si. As roupas que usam, as casas onde moram, a música que ouvem, a forma que desenvolvem o trabalho, a maneira como administram seus problemas e que se comportam no desempenho dos seus diferentes papéis são manifestações externas de suas personalidades.

A personalidade se estrutura sofrendo importante influência de três forças principais: a das tendências naturais hereditariamente transmitidas, a das contingências sociais e a dos freios educativos. Diz-se que a hereditariedade determina o que a pessoa é capaz de fazer e que são as influências do ambiente que irão, ou não, deixar esse potencial emergir.

Como exemplo podemos citar o que aconteceu na Renascença. Aquele período foi pródigo em artistas plásticos, arquitetos, poetas e literatos, justamente porque o sistema social facilitou que isso acontecesse.

Sabemos que, quanto mais rígido e tenso for o ambiente, mais difícil para o homem mostrar-se espontâneo e criativo.

Quando falamos de personalidade, estamos referindo-nos à soma de tendências e ao conjunto de características psíquicas herdadas e adquiridas que nos tornam um indivíduo.

Quando falamos de caráter, estamos reportando-nos a um aspecto da personalidade. Não existe uma exata distinção entre personalidade e caráter. O caráter é a expressão da individualidade. É o modo de fazer. É a forma da personalidade se manifestar socialmente.

A MATRIZ DA PERSONALIDADE

O homem não vive sozinho e nem tem capacidade para isso. Quando chega ao mundo já o estão esperando. Pai, mãe e outras pessoas, que o cercam desde o nascimento, formam sua matriz de identidade. (J. L. Moreno)

R. A. Spitz nos ensinou que a criança, no início, não consegue diferenciar-se das outras pessoas. O mundo para ela é caótico, pensa que tudo é ela. O relacionamento com o mundo e com as pessoas processa-se unicamente através das funções fisiológicas básicas: ingestão, defecação e micção. Esse vínculo, passo a passo, vai se apurando, vai se transformando em social e uma nova personalidade começa a se esboçar. Pouco a pouco vai ocorrendo a passagem do natural para o social, do fisiológico para o psicológico. Inicialmente, a criança estabelece uma relação com a mãe ou com quem a substitui. Em seguida, começará a desligar-se desse vínculo binário e estabelecerá relações com o grupo familiar e, a partir do terceiro ano de vida, gradualmente, irá se expondo a outros grupos sociais.

Com o contato, com a observação, com o choque, com as oposições e imposições dos nossos semelhantes é que moldamos a nossa personalidade.

Dentro da sociedade cada um de nós desempenha inúmeros papéis. A maneira de desempenhá-los dependerá basicamente da personalidade de cada um. Através do desempenho desses papéis, que no início eram apenas fisiológicos e que, com o nosso amadurecimento, vão se tornando cada vez mais complexos, é que acabamos percebendo a nossa individualidade.

Infelizmente, muitos pais confundem educação com domesticação e acabam bloqueando, muitas vezes por completo, a individualidade de seus filhos, deixando-os vulneráveis e à disposição da vontade dos outros. Homem sempre conduzido é sinônimo de homem domesticado.

Tenho como verdade absoluta que, para encontrar momentos de prazer e de felicidade, o homem tem que ter coragem de expressar a sua personalidade através da manifestação de sua individualidade. Sem essa coragem, decididamente, nunca será espontâneo nem criativo.

A. Lowen diz que os verdadeiros indivíduos não se destacam entre a multidão, destacam-se da multidão.

O SENTIMENTO DE CULPA A SERVIÇO DA DOMESTICAÇÃO

Ser espontâneo e criativo não se limita apenas na rejeição de modelos e de sistemas estabelecidos. A simples revolta não é uma atitude criativa, mas impedir, sempre que crianças por vezes apresentem comportamentos e opiniões que não se coadunam muito bem com os valores sociais acarreta conseqüências, quase sempre, negativas. Mas, mesmo sabendo disso, quantas vezes pais e educadores não acabam conduzindo as crianças a sentirem-se culpadas por terem apresentado atitudes que se chocam ou que questionam valores sociais?

Sabemos que, mesmo na criança mais obediente, sinais de revolta podem emergir a qualquer momento. Na tentativa de inibir essa possibilidade, desde muito cedo, ensinamos a criança a sentir-se culpada toda vez que se oponha aos valores morais e comportamentais estabelecidos pela nossa cultura. Desde muito cedo o ser humano é conduzido a sentir-se culpado para que reprima seus instintos, para que se torne obediente e submisso e, também, para que se transforme naquilo que a sociedade chama de "um bom trabalhador".

CEDER OU LUTAR?

A pouca capacidade para aproveitar a vida, muitas vezes, é proveniente de sentimentos de culpa. O homem, na sua eterna luta entre os seus desejos, impulsos, necessidades básicas e as regras, imposições e princípios que a sociedade valoriza, se vê diante de um enorme conflito – ceder aos sentimentos de culpa ou enfrentá-los.

Nas pessoas mais dóceis e mesmo nas mais rebeldes, sentimentos de culpa estão presentes. Muitas vezes, a pessoa, para se livrar de suas culpas, poderá tentar arrumar justificativas, explicações e acusações, mas com isso apenas conseguirá inconscientizá-las e logo elas se manifestarão através de sensações desagradáveis de ansiedade que, alcançando certas proporções, poderão transformar-se em tensões musculares, somatizações, rebaixamento do humor de vida, desinteresse por novos objetivos, fobias e muitos outros sintomas. Outras vezes, para não se sentir culpada, a pessoa submete-se a todas as regras julgando, erradamente, que esta seria a maneira mais simples, cômoda e eficaz de resolver o conflito, sem se expor a culpas. E assim, em detrimento à sua individualidade, impede, consciente ou inconscientemente, que aspectos importantes de sua personalidade emerjam e se desenvolvam. Essa decisão de acomodar-se, de contentar-se com um sobreviver pequeno, também acabará se traduzindo em tensões, insegurança, timidez, ansiedade e rebaixamento da auto-estima, o que, fatalmente, irá colocá-la dentro de uma mediocridade que a "despersonalizará".

Se fica, o bicho come; se corre, o bicho pega. Ter culpa por fazer ou por não fazer? Eis a questão. Uma questão de difícil solução e que exige de nós muita coragem. Coragem para saber do que gostamos, do que necessitamos e do que tememos. Precisamos coragem para nos expor e, muitas vezes, para nos opor. Coragem para saber como fomos formados, o que está acontecendo conosco e ao nosso redor. Coragem até para descobrir os nossos reais objetivos. Finalmente e principalmente, coragem para aprender a amar e a perdoar o indivíduo que existe dentro de nós.

Somente assim poderemos construir o nosso próprio destino, sem tantas culpas, mais saudável e mais feliz.

A FAMÍLIA VAI INDO BEM, OBRIGADO.

Nasci.

No seio da família eu cresci. Seu carinho, seu apoio eu senti e com ela me envolvi. Mas foi com J. P. Sartre que eu aprendi ...

... que:

"Atribuir à família um certo grau de importância não significa fazer dela o fator dominante, mas simplesmente reconhecer sua presença e tentar compreender sua contribuição às nossas vidas".

A família vai indo bem, obrigado

Muitas pessoas se justificam atribuindo, às suas famílias, as culpas dos seus desajustamentos e dos seus insucessos. É uma atitude cômoda que devemos evitar, pois, se insistirmos nela, fatalmente bloquearemos o nosso desenvolvimento psicológico e nos manteremos emocionalmente imaturos.

O CASAMENTO

Uma nova família começa a se esboçar no momento em que o homem escolhe a mulher que será a mãe dos seus filhos (ou vice-versa). Se esta escolha não foi feita por motivos econômicos, ou apenas como resposta a expectativas sociais, ou somente para oficializar os relacionamentos sexuais e, muito menos, pelo medo de ficar solteirão (ou solteirona), então as chances serão ótimas para que essa nova família se desenvolva em harmonia e produza filhos que serão desejados e amados. Filhos que virão ao mundo para compartilhar do prazer e da alegria de viver e não para, simplesmente, preencher caprichos ou o vazio de vidas infelizes.

Apesar da quantidade cada vez maior de divórcios permitir que se pense que o casamento vai mal das pernas, apesar do expressivo e até preocupante número de famílias que se desmancham todos os dias, apesar do inferno que certos casais demonstram estar passando por permanecerem casados, parece que não nos querem solteiros e que o casamento nunca sairá de moda.

Paradoxalmente a essa idéia, há mais de cinqüenta anos, venho ouvindo falar que o casamento é uma instituição falida e moribunda. Todavia, parece-me notável a força e a teimosia que o casamento tem, pois, apesar de tudo o que falam dele, continua vivo e forte, reunindo pessoas, mesmo que não seja "até que a morte as separe". As imagens negativas, as anedotas, as histórias de traição que questionam a qualidade e a validade do casamento não foram suficientes para acabar com ele. Ele continua aí, reunindo e mesclando pessoas jovens, velhas, boas, ruins, sadias, neuróticas e até psicóticas.

A origem do casamento é muito controvertida. No início, os humanos se satisfaziam sexualmente em total promiscuidade. Todo homem podia ter contato com qualquer mulher. Os filhos não caracterizavam paternidade, pois não se sabia que a gravidez era conseqüência do ato sexual. Todas as crianças que nasciam eram criadas pelo grupo.

O casamento e família vieram depois disso, mas, se a origem se deu por razões puramente econômicas ou estaria ligada aos conceitos de propriedade, não se sabe. A escolha do parceiro, a forma, o ritual de união, implicações e deveres do casamento, a montagem, a hierarquia e as características da família sofreram inúmeras alterações e foram compreendidas, de maneiras diversas, em épocas e civilizações diferentes.

Enfim, as origens, os porquês, as formas, as razões e o destino da Instituição Casamento geram mil opiniões contraditórias. É muito comum ouvirmos falar que ele é uma das ferramentas principais da ordem social dominante e que é por condicionamento que um número expressivo de pessoas, embora descontentes e sofridas com os seus casamentos, sem perceberem esta imposição social subliminar, continuam casadas, alegando várias desculpas: condições econômicas, filhos, idade, medo da solidão, inibições e preocupações de ordem sexual.

O estado civil de solteiro não é muito bem aceito e nem muito bem respeitado propositalmente. Acredito que fica muito mais fácil controlar as pessoas dentro da família do que fora dela. É voz corrente que a estrutura familiar facilita o controle, pois uniformizar, igualar, responsabilizar e fiscalizar o comportamento de todas as pessoas que a integram são as principais obrigações diuturnas de todos os seus membros.

Muita gente, que é contra o casamento, diz que o atual número de divórcios revela que a família e o casamento estão demonstrando um grau de decomposição acima do desejado pelos seus defensores, nos quais eu me incluo.

Esses observadores acham que as pessoas não deveriam se casar, pois até mesmo os casais que apresentam socialmente uma certa satisfação e alegria por estarem unidos, se forem pesquisados mais cuidadosamente, deixarão claro as dificuldades, as decepções, a hipocrisia e sofrimentos que, para viverem juntos, são obrigados a engolir, mas que nem sempre conseguem digerir e, por isso, muitas vezes, adoecem.

Isso não quer dizer que o casamento seja um mal que necessite ser eliminado dos nossos costumes sociais. Acho que, se fizéssemos isso, estaríamos repetindo o caso do marido que tirou o sofá da sala porque, quando viajava, era nele que a mulher costumava traí-lo.

Minha finalidade não é ficar aqui discutindo o sexo dos anjos, mas, decididamente, não acho que o casamento faça mal às pessoas. Eu penso que são certas pessoas que fazem mal ao casamento; pessoas sem "vocação", despreparadas, imaturas e que, sem conhecerem bem o parceiro, simplesmente casam-se. E aí o coitado do casamento é que leva a culpa. Será que essas pessoas, se não se casassem, seriam mais felizes? Será que precisamos acabar com o casamento somente porque existem pessoas que não deveriam se casar?

Não é o casamento em si que precisa de tratamento. São as pessoas que realmente necessitam preparar-se melhor para ele. Lógico que existem casos em que, mesmo se tratando de pessoas normais e sadias, o casamento não dá certo. Para esses casos a instituição mantém uma porta de saída: o divórcio. Não vejo mal algum que duas pessoas maduras, inteligentes, sadias, desfaçam hoje um relacionamento que foi bom até algum tempo atrás. Não é errado nem dramático. É honesto, inteligente e sadio que, ao invés de sofrer e fazer sofrer outras pessoas, inclusive os filhos, se desfaça um casamento. Errado seria manter esse casamento somente para provar, não sei o quê, para não sei quem.

Dizem que a sociedade nos impõe o casamento, mas só é marionete quem se deixa ser. Todos nós podemos escolher livremente os nossos caminhos, principalmente se conhecermos bem a realidade que nos cerca. Certamente envolvidos pelas emoções, alicerçados em nossos sentimentos e baseados em nossos conhecimentos, é que tentamos objetivar os nossos sonhos e atingir as nossas metas. Errar, enganar-se nessa escolha e tropeçar no caminho dos nossos objetivos é muito comum. Espernear, esbravejar diante das conseqüências e, teimosamente, nos mantermos nas mesmas posturas, atirando toda a responsabilidade no casamento, não é justo e nem nos ajuda em nada.

Acreditem, arestas conjugais podem ser resolvidas. Processos neuróticos podem ser interrompidos e a adequada comunicação pode ser restabelecida. Os cônjuges podem alcançar um vínculo harmonioso e um casamento neurótico pode transformar-se numa união saudável.

Um casamento feliz e um fim feliz para alguns casamentos são as metas dos esforços despendidos em muitos tratamentos psicológicos. Muitas pessoas supõem que todos os psicólogos desejam que os casamentos se acabem. Não é verdade. Não queremos o fim do casamento. O que queremos é o fim do mau casamento, ou tentando melhorar a relação entre os cônjuges ou, em alguns casos, ajudando as pessoas a saírem do casamento sem se machucarem mutuamente. Lógico que não temos a pretensão de ditar regras para que um matrimônio se torne feliz. O que buscamos é a mudança da estrutura do relacionamento.

OS FILHOS

Quando falamos de casamento, logo pensamos em filhos. Como existem pessoas que não têm vocação para viverem em matrimônio, existem casamentos que não deveriam produzir filhos. Concordo plenamente com os que afirmam que as pessoas infelizes não deveriam ter o direito de terem filhos. Entretanto, parece que as pessoas, quanto mais infelizes, mais procuram, através dos filhos, uma razão para as suas existências vazias. Geralmente, são pessoas que esperam que os filhos lhes dêem felicidade e se esquecem que eles precisam mais de nós do que nós deles. Muitas vezes querem filhos apenas para mostrar do que são capazes e outras somente para satisfazerem as cobranças de parentes e amigos. Pessoas que não conseguem um desligamento saudável com os seus pais também não deveriam usar o casamento, e muito menos a paternidade, para tentarem se tornar independentes. Primeiro deveriam cortar o cordão umbilical que os prende a eles para depois criarem as suas próprias famílias.

Toda criança, para conseguir um adequado desenvolvimento, necessita de um lar que a auxilie na obtenção da confiança em si mesma; precisa de um ambiente afetuoso que lhe transmita a sensação de ser desejada, a certeza de ser cuidada e a segurança de ser protegida. A psicóloga Me. Cristina Sodré define segurança e afeto como necessidades básicas e fundamentais para o ajustamento de qualquer ser humano.

Seria ótimo que todas as pessoas crescessem dentro de uma família que tivesse a capacidade de transmitir para elas o amor pela vida, o prazer e a coragem de viver. Infelizmente, nem sempre os casamentos produzem famílias com essas características. E, com isso, quem se machucam mais são os filhos, pois, não encontrando condições de segurança e de afeto dentro da família, a criança cresce tentando se ajustar com muito medo. Medo de gente, pois as pessoas lhe parecem falsas e perigosas e medo do mundo que lhe ensinaram a ver como ameaçador e traiçoeiro. Com medo de ser rejeitada, rejeita antes; com medo de ser agredida, agride primeiro. Quando percebe a falta de afeto a criança pode ampliar o seu desejar e tornar-se uma pessoa difícil de contentar. A cobiça cresce dentro de si e muitas vezes passa a ser invejosa. Diante da insegurança ou tenta se impor de uma maneira arrogante e prepotente ou pode tornar-se uma pessoa inibida e tímida.

Enfim, as pessoas podem acabar buscando segurança e amor de maneira inadequada e é esta inadequação que Me. Cristina Sodré caracteriza como a matriz da neurose.

Por isso, para termos um filho, deveríamos pensar bastante e, com muita honestidade, analisarmos se já estamos ou não preparados para assumirmos essa importante, difícil e agradável tarefa.

FAMÍLIA – A MATRIZ DA IDENTIDADE

J. L. Moreno, criador do Psicodrama, que é uma técnica psicoterápica cujas origens se acham no teatro, na sociologia e na psicologia, diz que ao nascer, saímos de uma placenta fisiológica e somos amparados por uma outra placenta, a social, e que, como uma verdadeira matriz, irá nos moldar. Antes que essa modelagem alcance um certo ponto, toda criança é espontânea, visionária, artista e revolucionária. Mas essa matriz é muito sedutora e viscosa. Logo nos grudamos a ela e, quando menos esperamos, já estamos desempenhando papéis rigidamente preestabelecidos que nos impedem de assumir, livremente, as nossas identidades. Ela geralmente nos ensina não como sobreviver na sociedade e sim como submeter-nos aos seus padrões, códigos e sistemas. Educa-nos seguindo regras, noções e preconceitos há muito tempo já estabelecidos. Mostra-nos que tudo é feio, tudo é pecado, que a sexualidade é perigosa e que a ternura e o carinho são pieguices banais.

Lembro-me de um adolescente, meu ex-cliente, que quando ia dormir despedia-se dos seus pais apenas com um lacônico "boa noite". Mas, na intimidade do seu quarto, beijava a fotografia dos dois que tinha na cabeceira de sua cama. Tinha vergonha de expor o seu afeto, mas sentia necessidade de manifestá-lo.

Enfim, a família, essa placenta social formada por pai, mãe e outras pessoas afetivamente importantes, é que nos fornece um roteiro de vida que deverá ser religiosamente seguido, pois será implacavelmente controlado de várias maneiras, principalmente através dos indesejáveis sentimentos de culpa.

Sabemos que a família é o fator de maior influência no desenvolvimento emocional das pessoas. Além de refletir suas atitudes e crenças particulares, ela é o mais importante transmissor dos valores culturais da sociedade, da qual faz parte. Entretanto, dentro dela tem uma personagem que ocupa um lugar de destaque e que, sem o seu poderoso auxílio, bem provavelmente, a família não alcançaria seus objetivos modeladores. Estou me referindo às mães, essas queridas senhoras que, por interesses sociais e por preconceituosas tradições, são consideradas, quase sempre, as maiores culpadas pelos defeitos na modelagem do comportamento de todas as pessoas do mundo.

Ora como fadas, pois também às vezes são facilmente idealizadas, e ora como bruxas, culpadas de todos os males do mundo, numa alternância trágica, as mães se vêem diante de um dilema de difícil solução.

A complexidade desse papel acaba expondo todas as mães a erros e condenações e por isso, infelizmente, quase sempre elas se sentem culpadas pelos defeitos dos filhos e passam a carregar, vida afora, fortíssimos sentimentos de culpa que acabam interferindo negativamente em seus psiquismos.

A CULPA, DE QUEM É?

Dizem que desculpa de aleijado é muleta, e é exatamente esse o mecanismo mais usado pelas pessoas que, por não lograrem sucesso afetivo ou profissional, ou ainda por estarem passando por algum desajustamento emocional, jogam para os seus pais e para a família a responsabilidade total de seus insucessos.

Acredito que muitos pais casaram-se cedo demais, sem a certeza, sem a maturidade e a compreensão da responsabilidade que assumiam. Despreparados para nos introduzir nesse emaranhado social, são realmente responsáveis por uma grande parte dos nossos defeitos. Todavia, existe em nós uma tendência, muito cômoda, de apontar os nossos pais e as nossas famílias como os responsáveis por tudo de errado que existe em nós. É cômodo para nós, mas ingrato para eles. Não podemos culpá-los inteiramente pelos nossos defeitos e problemas. Se ainda existem arestas que necessitam ser aparadas, e se já somos adultos, cabe exclusivamente a nós a responsabilidade de desbastá-las.

Quando uma pessoa, continuadamente, focaliza os danos que seus pais lhe causaram, podemos ter a certeza de que existem mais erros nessa pessoa do que nos seus genitores. A maturidade emocional para crescer, desenvolver-se e sair do tranqüilo papel de filhinho prejudicado requer esforço, coragem, humildade e responsabilidade com o seu próprio destino. Muitas vezes a preguiça e o medo mantêm essas pessoas agarradas às saias da família, reclamando de tudo e de todos, no cômodo, porém ridículo, papel de "coisinha fofa da mamãe".

O homem é livre e tem o direito e a capacidade para desejar uma existência melhor. Essa capacidade de desejar, de elaborar, de lutar e realizar torna-o responsável pelos seus atos.

Decida hoje a espécie de pessoa que você deseja ser amanhã. Deixe de culpar os outros pelos seus próprios insucessos. Acredite na possibilidade de mudanças, pegue as ferramentas, sue as axilas, lute, peça auxílio, mas reconstrua sua nova pessoa. Você melhorando, a família vai ficar bem melhor. E olhe que ela está mesmo precisando de alguns retoques. Muitos chegam a afirmar que ela está morrendo, mas não é verdade. Apenas está mudando e mudando para melhor.

O modelo autocrata está perdendo o seu reinado e não acredito que alguém, em sã consciência, prefira o retorno daquela família toda poderosa, que ditava as ordens, que impunha suas escolhas, que determinava a profissão e que apontava com quem se devia casar.

O que está sendo rejeitado é esse estereótipo rígido, normativo e rançoso, onde quase tudo é determinado pelos pais, onde o poder preventivo e repressivo da família é explícito e onde seus membros deixam de ser eles para serem aquilo que esperam deles.

Aos poucos, passo a passo, está surgindo um novo modelo de família, em que o desenvolvimento e a expressão da individualidade são preconizados, onde a pessoa pode ser ela mesma, pode escolher o que fazer, a quem amar, com quem quer casar e de que maneira vai ser feliz.

Com essa mudança que, embora timidamente, já se percebe, a família será fortalecida e continuará sendo um porto seguro onde encontraremos o abrigo, o afeto, o calor humano, a solidariedade e a fraternidade de que tanto precisamos. Assim espero.

A RIVALIDADE ENTRE IRMÃOS

Ao falar de rivalidade entre irmãos, vêm-nos à mente Caim e Abel. Segundo a narração bíblica, o crime e o castigo de Caim mostram-nos com clareza que o homem teme muito mais a rejeição do que a punição. Não sendo aceitas as suas oferendas e ao ver serem bem recebidas as de Abel, Caim sentiu-se desconsiderado e rejeitado por Deus. Caim não suportou ter sido preterido e matou Abel por considerá-lo o responsável pela sua dor. "E o Senhor pôs um sinal em Caim e proibiu a todos de matá-lo." Caim tornou-se um proscrito afirmando ser o seu castigo pior do que a morte.

A rivalidade entre irmãos

A briga entre irmãos, na maioria das vezes, expressa o desejo de ser amado, de sobressair, de destacar-se, de ser o único.

A LUTA PELA AUTO-ESTIMA

Ensinaram-nos que uma das maiores necessidades do homem é a de sentir-se seguro em sua própria auto-estima. Na tentativa de preencher essa necessidade a criança, muitas vezes, torna-se ruim, mostra-se egoísta, dominadora e briguenta. Quando a criança percebe que está sendo desprezada por outra, bem provavelmente, irá se defender, mostrando-se rebelde e exigindo cuidados e atenção constantes.

Freqüentemente observamos que, com o nascimento de um irmão, o filho que reinava soberano, tranqüilo e adequadamente, passa a ter uma conduta difícil e diferente da anterior. Crianças tranqüilas e que nunca deram trabalho quanto à higiene pessoal, podem passar a ser descuidadas e rebeldes após o aparecimento do "rival".

A criança não gosta e não se permite ficar em segundo lugar e, muito menos, ser deixada de lado: "Você deu mais suco para ele", "Você deu a ele o melhor pedaço do bolo", "Você deixa ele ligar a televisão e eu não", "Tá certo, pode ligar televisão", "Agora eu não quero mais", "Você é ruim, não gosta de mim". E assim, na luta pela afirmação, a criança apresenta francamente e sem muitas máscaras a necessidade de ser vista, de se achar importante, de ser a única. Como se isso fosse a principal condição para ser amada.

Nós, adultos, envergonhamo-nos dessas aspirações, mas, através de disfarces e de muitas máscaras, corremos atrás dos mesmos objetivos, acumulando mais dinheiro, comprando uma casa melhor ou um carro maior e tendo filhos mais bonitos e mais bem vestidos do que os dos outros. Por baixo disso está, nitidamente visível, o desejo de sobressair, de destacar-se, enfim de ser herói.

Muitos afirmam que o desejo de ser herói é natural e admiti-lo é honesto. No entanto, não devemos deixar de nos perguntar o quanto estamos nos desgastando para tentar preenchê-lo.

Será que só os heróis conseguem a auto-afirmação?

Para tentar conseguir aprovação, respeito, amor, ao invés de rebelar-se, a criança, muitas vezes, acomoda-se, tornando-se dócil e submissa. No desejo de ser aceita, procura se conformar, procura ser o que os outros dizem que ela é. Infelizmente, o que pensamos de nós mesmos depende, em grande parte, do que os outros pensam da nossa pessoa. E, nesse gesto de ser o que não é, acaba criando uma dupla imagem, que por sua vez abala a autoconfiança, rebaixa a auto-estima e a expõe ao famigerado "complexo de inferioridade".

OS DESENTENDIMENTOS

Tenho absoluta certeza de que não é fácil evitar que irmãos briguem e que tenham rivalidades entre si.

Seria ingenuidade da minha parte supor que, com algumas opiniões que estou transmitindo, estaria esgotando o tema e dando a todos condições de resolver esse tipo de problema, tão comum em nossas famílias. O que desejo é reafirmar a importância do assunto e apresentar alguns pontos de vista para, quem sabe, ter-se uma melhor compreensão dessa problemática.

Conheço irmãos, hoje já homens feitos, que ainda conservam o ranço dessas competições infantis, só que agora mostram uma rivalidade camuflada, mas que, mesmo assim, dificulta a relação dos dois e prejudica a harmonia familiar. O que estou dizendo é que o tempo, por si só, não resolve esse tipo de problema.

Há outros irmãos que, desde a infância, não conseguem camuflar a inimizade que existe entre eles e acabam se desentendendo abertamente, chegando, muitas vezes, a agressões físicas.

Precisamos compreender que os desentendimentos, camuflados ou não, que os irmãos possam estar demonstrando hoje, na maioria das vezes, tiveram início na infância. Surgiram da grande necessidade que o ser humano tem de ser aceito, de ser correspondido, de ser amado, de se afirmar como indivíduo. É fácil compreender e justificar esses desentendimentos na infância, mas na fase adulta sempre caracterizam um problema mais sério.

PERIGO DA PREDILEÇÃO

Muitos dos desentendimentos entre irmãos têm como origem a predileção, demonstrada pelos pais, por um deles.

A predileção por um determinado filho é uma característica negativa de pais que não estão preparados para se tornarem educadores. Ela acaba sempre ocasionando transtornos na relação dos filhos e na harmonia do lar. É visível os males psicológicos que esta conduta inadequada dos pais acarreta, não só no filho preterido, como também no mais querido. É comum o preterido tornar-se tímido, medroso e de pouca espontaneidade ou, às vezes, voltar-se explicitamente contra essa tendência protecionista e, quando isso ocorre, são vistos e taxados de rebeldes e supercarentes. As atitudes de predileção apresentadas pelos pais, além de provocarem desentendimento entre os irmãos, podem desencadear naquele que se sente rejeitado, perturbações tais como: gagueira, tiques, fobias, problemas escolares e muitos outros sintomas.

Os favoritismos explícitos ou não, são sempre percebidos pelos filhos e não contaminam apenas aquele que está sendo preterido, atinge prejudicialmente também o mais querido, podendo torná-lo prepotente, possessivo e agressivo.

Por que será que os pais não percebem, não conseguem ver que estão prejudicando os seus filhos com essas atitudes? Não querem ver porque são psicologicamente míopes, não querem admitir para não terem de mudar. Mudar dá trabalho e exige tempo, humildade, maturidade, reflexão e, infelizmente, muitos pais não possuem estes atributos.

É normal que os pais elogiem e tenham o prazer de premiar o bom comportamento e que também condenem as atitudes negativas dos filhos. O que é inadmissível é que apresente discrepâncias na dosagem das recompensas ou das punições. Quando isso acontece o lar se tornará um campo de batalha e as armas empregadas serão: a violência, a ironia, a astúcia, a intransigência etc. E assim a paz ficará comprometida e os filhos expostos a problemas psicológicos. A inadequação na dosagem e na distribuição de afeto são as causas da perda de coesão e da unidade de muitas famílias.

Em síntese, os filhos mimados, os prediletos, apresentam, quase que invariavelmente, um psiquismo que poderíamos chamar de "especial", pois se mostram vulneráveis a sérios problemas psicológicos; e aqueles que foram preteridos, por sua vez, também se tornam alvos de fortes dificuldades emocionais.

As mágoas, a inveja, o ódio reprimidos entre irmãos, submetidos a esse tipo de tratamento afetivo-familiar, emergem constantemente, mas, principalmente, quando aparece qualquer obstáculo ou, até mesmo, simples divergência entre eles.

A IMPORTÂNCIA DA INDIVIDUALIDADE

Bons pais procuram, na relação que têm com os filhos, evitar tudo aquilo que possa dar idéia de diferenciação entre eles. Tentam educá-los e orientá-los sem impedir que expressem as suas individualidades. A criança que se sente protegida por uma unidade familiar onde predomina uma atmosfera de amor e de compreensão terá desembaraço para expressar seu interior livremente e se identificará como parte de algo comum, não se sentirá desamparada e isso reforçará os laços de amizade entre os irmãos.

Quando não houver preferências, certamente, não haverá rivalidade e, se houver, será passageira e sem grandes conseqüências.

É óbvio que, diante de condições ambientais favoráveis, as chances de a criança desenvolver as suas potencialidades serão bem melhores do que em um ambiente adverso. Sabemos que somente a própria pessoa é que pode desenvolver o seu acervo de possibilidades, mas é verdade também que em campo fértil a capacidade de a semente germinar e transformar-se em uma grande árvore é bem maior.

A criança necessita de um clima familiar acolhedor para que possa desenvolver uma segurança interior e uma adequada liberdade que lhe garanta a possibilidade de expressar sentimentos e pensamentos próprios. É de extrema importância desenvolver na criança a saudável capacidade de oposição à vontade e aos desejos de outras pessoas.

Acredito que um dos piores defeitos que os pais podem apresentar é a falta de respeito pela individualidade da criança. É desastroso quando não se aceita o filho tal como ele é e tenta-se programá-lo de acordo com o modelo que se tem em mente.

Tenho certeza que, se for dado à criança a possibilidade de crescer sentindo-se amada pela família, respeitada em sua personalidade, compreendida em suas disputas e incentivada a elaborar e manifestar opiniões próprias, mesmo que estas se choquem com as dos outros, ela conseguirá desenvolver-se adequadamente. Não terá medo de gente, aprenderá muito com as pessoas e, certamente, saberá administrar bem as suas emoções.

Crianças respeitadas e amadas crescem e tornam-se adultos felizes. Adultos que expressam livremente a individualidade, que gostam de viver e que não invejam nem procuram obstar a felicidade dos outros.

O CIÚME E A INVEJA CAMINHAM JUNTOS

CIÚME E A INVEJA

O ciúme, na sua forma verdadeira,
Deixa todo mundo infeliz.
É uma doença mais ou menos costumeira
Que precisa ser tratada na raiz.

O coitado do ciumento é inseguro e preocupado.
Está sempre querendo provas de que é amado.
Seu sentimento de inferioridade é exacerbado,
Não acredita em si, nem nas pessoas ao seu lado.

A inveja também é um grande defeito,
Que pode até nos levar à doença mental.
Não administrada direito,
Torna-se bastante irracional.

O invejoso é um saco sem fundo,
Sempre pensa ter menos do que merece.
Para subir pisa em todo mundo
E a felicidade dos outros o entristece.

Para os problemas de segurança e de afirmação,
De nada adianta aumentar a cobiça e a agressão.
Aprendendo a perdoar pessoas e dosar a ambição,
Viveremos com tranqüilidade e mais satisfação.

Fabio

O ciúme e a inveja caminham juntos

O invejoso tem uma ambição desmedida. Ele tenta destruir no outro o que acha que lhe falta. A agressividade e a voracidade são características comuns a todos os invejosos. O ciumento é inseguro, desconfiado e de pavio curto.

A INVEJA

Dizem que foi a inveja que levou Caim a matar seu irmão. De lá para cá muito mal tem feito para a humanidade. É a inveja que alimenta as línguas felinas e maldizentes que cochicham rumores e toda sorte de calúnias. Alimenta os motores dos fofoqueiros que, covarde e agressivamente, com suas línguas compridas e malevolentes, vão tentando demolir o sucesso daqueles a quem invejam.

Hoje não se pode mais negar que a inveja é uma das principais causas de muitas doenças mentais. No invejoso, a voracidade é enorme e a ambição cresce dia a dia. O invejoso não consegue desfrutar o que é seu, porque sua atenção está sempre presa no que é dos outros.

A inveja é um sentimento pelo qual demonstramos com clareza que sofremos diante do sucesso do outro. É o inchaço da canela pateticamente chutada pela vitória do time adversário. Para ser invejoso não basta desejar o que é dos outros. É necessário que se sofra em conseqüência da felicidade e do bem alheio. É nesse sofrimento que está a matriz dessa paixão que, das más, sem duvida, é a pior. O invejoso não se prejudica só pelo sofrimento que apresenta diante da glória alheia, também acaba se tornando uma pessoa frustrada e de auto-estima bastante rebaixada.

Muita gente confunde inveja com ódio e outros acreditam ser ele um produto dela. Na verdade o invejoso não deixa de ser uma pessoa cruel, pois odeia justamente o que existe de melhor nos outros: a beleza, o sucesso, a notoriedade, o amor correspondido, a prosperidade, o brilho e até mesmo a boa saúde. Um amigo meu dizia ser um professor medíocre porque na escola ninguém falava mal dele.

O invejoso não sabe admirar, só sabe criticar e ardilosamente destruir e, com isso, acaba prestando uma homenagem absurda à superioridade do outro.

Como todas as emoções, a inveja demonstra gradações diferentes que vão desde a inveja consciente, bem dosada, que até funciona como uma força propulsora na busca e concretização dos objetivos de vida, até o invejoso desproporcional que é aquele indivíduo impiedoso e agressivo, que passa sobre qualquer coisa ou pessoa que esteja obstando o seu caminho. Para esse tipo de invejoso não existem irmãos, sócios ou companheiros. Existe apenas e somente competidores, rivais que precisam ser enfrentados e vencidos. São pessoas que nunca têm prazer nas vitórias, pois nunca se satisfazem com suas conquistas e estão sempre querendo mais.

O CIÚME

O ciúme é um estado emocional negativo. O indivíduo ciumento é essencialmente infantil, inseguro, bastante emotivo e, quando se descontrola, apresenta reações sempre próximas da violência. É explosivo, ruminador e facilmente irritável.

O ciúme é um sentimento muitas vezes responsável por uma infinidade de crimes passionais. Outras vezes, afirmando um grande amor, o ciumento, com sua agressividade e possessividade camufladas, oprime o ente, supostamente amado, sob uma constante e angustiante dominação.

O sentimento de inferioridade, a sensação de estar sendo prejudicado e comentado pelos outros, o acentuado interesse por si próprio e a conseqüente insegurança que advém de tudo isso são características muito comuns nos ciumentos.

O ciúme está muito próximo da inveja e ambos são sentimentos dos quais as pessoas se envergonham e procuram disfarçá-los. Podemos mencionar três tipos de ciúmes: o ciúme brando, que é esboçado em certas circunstâncias justificadas, podendo ser facilmente controlado e sem efeitos desastrosos, o tipo mediano que é caracterizado por pessoas nas quais já é possível determinar tendências negativas, mais ou menos intensas e repetitivas e, finalmente, temos o tipo forte, que é o representado por indivíduos que, desde a infância, já demonstram esse sentimento bem desenvolvido. São pessoas que não se controlam adequadamente, tornam-se agressivas com muita facilidade e apresentam evidentes características de possessividade.

Esse é o ciúme extremamente prejudicial e conforme a sua intensidade, patológico.

INVEJA OU CIÚME?

Muita gente confunde inveja com ciúme, pois é muito difícil encontrarmos um invejoso que não seja ciumento e um ciumento que não seja invejoso. No ciúme está claro o receio de perder e na inveja percebe-se nitidamente o desejo de obter. Para o invejoso, freqüentemente o que é dos outros parece sempre mais apetitoso, mais interessante, mais fascinante e, para o ciumento, o que lhe pertence parece despertar nos outros um grande interesse e o maior fascínio, por isso tem receio que lhe tirem. Na aritmética da vida, o invejoso nunca diminui, está querendo sempre somar. O ciumento, por sua vez, nunca divide e está sempre exigindo a prova dos nove.

Não nascemos invejosos, muito menos ciumentos. No entanto, bem mais depressa do que imaginamos, se não tomarmos alguns cuidados, logo nos veremos enrolados com esses sentimentos que dificultam enormemente a nossa relação com as outras pessoas.

A inveja, produto da cobiça, da voracidade, da avidez e da agressividade, é uma defesa sempre inadequada que mostra sentimentos opostos em relação ao mesmo objeto. Percebe-se de um lado sentimentos de admiração, de atração e identificação, contrapondo-se com sentimentos de hostilidade e de rejeição.

Como se vê, é uma situação ambivalente e complexa que aflora não somente quando nos frustramos em nossos desejos, mas também quando resíduos infantis emergem em nossas mentes.

Quase todo invejoso é ciumento e, como é difícil encontrar um ciumento que não seja invejoso, as coisas se complicam, pois a soma dessas duas características determina uma pessoa complexa e contraditória. Pessoa difícil de entender e de atender.

Assim como o medo, o ciúme poderá ser julgado como uma emoção protetora, logo dependerá de sua intensidade e da situação em que o expressamos para caracterizá-lo como normal ou não.

O ciúme e a inveja, pelo menos nas suas formas mais intensas, devem ser encarados como graves arestas de personalidade, e por isso necessitam de psicoterapia. Nas formas mais brandas, ter consciência para compreender e capacidade para dosar, serão medidas profiláticas suficientes para que o ciúme e a inveja não cheguem a prejudicar a nossa saúde psíquica e não interfiram negativamente em nossos relacionamentos afetivo-sociais.

APRENDENDO A SER SOGRA

Coitada da sogra. Enfrenta cada manobra!
Para ser aceita, ela se desdobra,
Mas, mesmo assim, tratam-na como cobra.
Carinho nunca logra.
Mas piada sobre ela sempre sobra.

"Quem tem sogra não precisa de inimigo...
"Sogra é como cerveja. Só é boa
gelada e em cima da mesa..."
"Sogra é como mandioca, as melhores
estão no fundo da terra..."

Aprendendo a ser sogra

"... Feliz do Adão que não teve sogra..." E assim, de piada em piada, de anedota em anedota, como se não existissem sogras formidáveis, vamos colocando todas elas no mesmo papel de megeras. Preconceito puro.

UM NOVO PAPEL

A vida vai passando e vai nos apresentando novas e difíceis missões, muitas vezes não muito agradáveis.

Você desempenha e já desempenhou vários papéis na vida, mas agora que pela primeira vez um dos seus filhos se casou, prepare-se, pois a senhora terá que desenvolver um novo, delicado e difícil papel, o de sogra. Tanto faz ser sogra de genro ou de nora. As armadilhas, trabalhos, obstáculos e, por que não dizer, os prazeres terão as mesmas proporções. Em ambos os casos é um papel difícil e geralmente visto com um certo descaso.

Você já foi a nenenzinha da mamãe, a princesinha do papai, o orgulho da família, o tesão do maridão, enfim já foi a estrela do filme, mas agora, como sogra, se você não tomar alguns cuidados, de inocente passará a culpada, de heroína a vilã, de musa inspiradora a protagonista de piadas, de mãezinha querida a bruxa indesejada. Cuidado, mas não tenha medo; arregace as mangas e vá em frente. Encare esse novo papel.

NEM SEMPRE AS SOGRAS ESTÃO ERRADAS

A personagem "sogra", parece possuir uma certa característica que estimula chargistas e humoristas a brincarem com ela constantemente. Assim que se torna sogra a mulher passa a ser julgada, quase que sempre, como pessoa indesejada, errada e intrometida. É muito comum ouvirmos pessoas se queixarem das sogras dizendo que só as aturam por gostarem muito do cônjuge. Será que todas elas merecem isso? Nem sempre elas estão erradas e um exemplo que demonstra isso é o daquela mulher que, por ser muito ciumenta, constantemente critica e agrava qualquer defeito da sogra para o marido. Faz isso para tentar prejudicar o relacionamento do marido com a mãe, pois seu ciúme é tão grande que não permite que ninguém se aproxime afetivamente de seu esposo, nem mesmo a mãe dele.

Outro tipo de genro que acha que a sogra está sempre errada é o casado-solteiro. É aquele homem que, muito mimado na infância, continua ainda sendo um menino, apesar de já ter crescido. Embora tenha casado na igreja e no papel, emocionalmente e psicologicamente se mantém solteiro. Casou-se pensando apenas nas vantagens, mas não nas responsabilidades. Na verdade, não queria uma esposa, queria uma segunda mãe. Geralmente esse tipo se casa para esconder sua imaturidade, para que não pensem que existe algo de errado nele e porta-se como se tivesse feito um grande favor em ter se casado. Vê a mulher como uma governanta e objeto sexual, e a sogra como babá e auxiliar de cozinha. É difícil ser uma boa sogra para genros machistas, egoístas e infantis.

Existe também um tipo de nora com quem dificilmente a sogra se dará bem, mesmo que se esforce para isso. É um tipo de mulher muito parecido com o marido do exemplo anterior. É aquela nora que condena a sogra à perfeição eterna. Talvez por ter sido excessivamente mimada pela mãe, quer e exige que a sogra também tenha feito curso para santa, que esqueça de viver a própria vida e viva só para ela, paparicando-a como a um verdadeiro nenê. São noras que esperam que a sogra seja inteligente, atenciosa, paciente, forte, amigável, trabalhadora, boa cozinheira, ótima babá e que esteja sempre à disposição do casal, mas que nunca apareça sem ser convidada. Assim é muito fácil achar defeitos em qualquer sogra que seja. O pior é que existem aquelas que, para não se sentirem rejeitadas, tentam preencher esses requisitos que, juntos, formam um rol absurdo de exigências, totalmente impossível de atender.

Não podemos deixar de lembrar que também há casos em que o genro ou a nora se servem da sogra como um oponente no qual descarregam azedumes, iras e agressões que, na verdade, tiveram origens em situações mal resolvidas com as próprias mães. Refazem com as sogras as brigas que, por falta de coragem, deixaram de brigar com as mães. E, assim, sem saber por quê, a coitada da sogra tem que se defender, como um verdadeiro *sparring*, dos ataques de sua nora ou de seu genro.

É, mas também existem sogras que bem merecem críticas. Por exemplo, as que ficam grudadas nos filhos morrendo de medo de perderem o contato e o carinho deles. Geralmente são aquelas que não sabem o que fazer com suas vidas vazias. Após o casamento dos filhos defrontam-se com um oco existencial que não conseguem superar e acabam se pendurando na vida dos filhos.

A inveja e o ciúme podem surgir e serem a origem de grandes dissabores e de muitos conflitos. Se você se enquadra nesse exemplo, não se envergonhe. Ao reconhecer o seu erro você já está se encaminhando para a reparação. Superar esses sentimentos determinará o início de uma vida muito mais agradável e abrirá as portas para um relacionamento bem mais adequado com os filhos, genros e noras.

SANEANDO O PAPEL

Toda mãe vê no crescimento dos filhos, uma futura perda e aproximação da velhice. Com o casamento deles, parece que esse medo se concretiza. Perde o filho e ganha o papel de sogra. Bom não é?

Não é bom nem ruim, depende de como ela irá desempenhar esse novo papel. Logicamente terá que tomar alguns cuidados para não se imaginar ou, realmente, não se tornar uma velha bem antes do tempo e para não cair no lugar comum de sogra chata. Para que isso não aconteça, a primeira coisa que terá de fazer é não se esquecer de que nem mesmo a própria velhice tem a força de, por si só, colocá-la no papel de velha e que, muito menos, o papel de sogra terá essa condição. Também será necessário acreditar que a intromissão no casamento alheio, fatalmente nos leva a grandes dificuldades e que essas influências, mesmo que tenham as melhores intenções, podem atrapalhar e colocar o casamento dos filhos à beira de fortes atritos.

Seria aconselhável que a sogra retomasse a sua própria vida imediatamente após o casamento da filha ou do filho, e que se desfizesse, o mais rápido possível, do papel de mãe exemplar. Nessa altura da vida os filhos não precisam mais de conselhos ou de repreensões. Eles já possuem suas próprias idéias e acredito que, muitas vezes, até melhores do que as nossas. Deixe que o casal viva à sua própria maneira e procure não interferir na forma com que se organizam.

Se a sogra quer fazer alguma coisa para ganhar o coração do genro e manter o amor da filha, que tente, mas não através de conselhos, presentes ou comidinhas gostosas e sim procurando, por exemplo, não preencher o vazio de sua vida através da vida deles. Seria muito bom que tivesse a coragem de abandonar o papel de mãezona, que jogasse fora alguns valores antigos, que elaborasse novos objetivos e que fosse à luta para alcançá-los.

Os filhos têm o direito às suas próprias vidas e a mãe tem por obrigação elaborar a dela, sem invadir e depender da vida do novo casal. Não estou aconselhando que os filhos, ao se casarem, afastem-se de seus pais e de suas antigas famílias. Apenas desaconselho a dependência excessiva que, além de incômoda, é bastante prejudicial.

Normalmente os filhos necessitam de coragem para poderem se soltar dos pais, a fim de criarem as suas próprias famílias. Esse passo, talvez o mais importante da vida, lhes traz insegurança, incertezas e muito medo. Por isso, a sogra que facilita e ajuda os filhos nessa difícil transição estará demonstrando maturidade e muito amor.

E aí sim acredito que até Adão gostaria de tê-la como sogra.

Nasci,
E logo ouvi
"CRESCEI, MULTIPLICAI-VOS E AMAI-VOS
UNS AOS OUTROS".

E fui crescendo.
Meu destino fui tecendo.
Crescer é fácil, não tem segredo.
Multiplicar é agradável, nem dá medo.
Mas, amar e ser amado,
É difícil e complicado.

E fui crescendo
E logo percebendo
Que para alcançar a felicidade,
Temos que amar de verdade
E se não lograrmos satisfação,
Surge o medo, a tristeza e a depressão.

Hoje estou só, triste e atormentado,
Mas não me vejam como um coitado,
Para não ser desrespeitado,
Prefiro assim do que mal amado.

Repito, não vou amar, sou inteligente.
Mas, de repente, tudo fica diferente.
Eis-me, outra vez, alegre e sorridente.
Sabe por quê? Estou amando novamente.

É desse amor tão profundo
Que as pessoas fogem tanto.
Dizem que não se pode pôr o mundo
Sobre o ombro desse encanto.

Se você pensasse assim,
Eu não seria seu amado.
Coitado de mim,
Voltaria a ser triste e amargurado.

Fabio

Não desista de amar

Conheço pessoas que insistem em afirmar que não amarão nunca mais. Afirmam que já sofreram muito por amor e, por isso, evitam qualquer aproximação amorosa. Existem outras que também têm medo de amar, só que não sabem disso, o medo é inconsciente. Com medo de serem rejeitadas, rejeitam antes. Colocam-se dentro de uma armadura que não permite entrar nem sair sentimentos afetivos. Tentando evitar o sofrimento, acabam se expondo a uma dor maior, a angústia da solidão afetiva.

O AMOR

Quando observamos as reações dos recém-nascidos vamos ter a certeza de que o afeto é uma das mais importantes necessidades do homem. Parece que chegamos ao mundo já preparados para estabelecermos relações afetivas. Nascemos com essa necessidade e até os animais parecem demonstrar isso.

Algumas pessoas, erradamente, supõem que amar prende-se mais à condição de receber. Não imaginam que seriam muito mais felizes se soubessem que o verdadeiro amor, aquele que realmente nos faz sentir que vale a pena estarmos vivos, é o amor que nos descentraliza, que apaga o nosso egoísmo e nos distancia da possessividade. Muita gente supõe que estará amando somente quando encontrar alguém que a faça feliz. Para essas pessoas, amar seria receber carinho, atenção e cuidados especiais. Apesar de todos gostarmos de retribuição, amar, por vezes, nos faz esquecer de nós mesmos, o que não é muito bom, pois quando estamos amadurecidos para o amor, para o amor verdadeiro e genuíno, para o amor sadio, não nos esquecemos de nós mesmos. Continuamos preocupados, arquitetando e lutando pela nossa felicidade, só que agora ela está diretamente acoplada ao bem-estar e à felicidade do ente querido.

O amor faz parte dos sentimentos afetivos e seu oposto seria o ódio. W. Durant afirmava que o amor é a mais atraente, curiosa e importante de todas as experiências do ser humano. Gostava de dizer que tudo é fútil na vida, exceto o amor.

O amor, no seu mais amplo sentido, é o amor pela vida. Este amor não depende de pessoas ou de circunstâncias e é pré-requisito para que as demais formas de amar não se tornem inadequadas e desprovidas de alicerce.

O amor é um estado de espírito, é uma atitude, uma disposição de alguém para com ele mesmo, para com as outras pessoas e para com a natureza. Através dele alcançamos forças para continuarmos caminhando.

Platão, o filósofo do amor, disse:

"Aquele que não ama caminha no escuro".

MANEIRAS DE AMAR

"Amarás o teu próximo como a ti mesmo."
(Sagradas Escrituras)

Existem várias maneiras de amar, mas todas elas se originam de duas básicas: o amor normal ou maduro e o amor neurótico ou imaturo.

O psicanalista e filósofo alemão Erich Fromm, afirmava que amar é uma arte e falava sobre o amor de uma maneira bastante simples, mas nem por isso menos profunda. Ensinou-nos que o amor imaturo é sempre egoísta e que exclui qualquer preocupação verdadeira pelos outros.

O egoísta só se interessa por si mesmo e não consegue dar amplitude ao seu amor. Falta-lhe capacidade para perceber as necessidades do outro. Ele tem uma visão infantil do mundo e pensa que é o centro de tudo, por isso acredita que a pessoa que o ama, não pode e não deve receber ou dar afeto a mais ninguém a não ser a ele. Às vezes, pode até mostrar-se um pouco afetuoso, mas sempre será com a finalidade de receber mais. É o gato que, por estar com fome, roça em nossas pernas para ganhar alimento.

Outra maneira imatura de amar é a que determina o amor dependente. É um amor possessivo, pegajoso, que gruda uma pessoa na outra e parte da premissa errada de que, se realmente nos amamos, nos bastamos, não precisamos de mais ninguém e que não existe mais nada além do nosso amor. É o casal egoísta onde um se agarra neuroticamente ao outro.

Todas as formas imaturas de amar se caracterizam por possessividade, ansiedade, exigências, competitividade, hostilidade reprimida e ciúme exagerado.

Existem e é ótimo que existam maneiras normais e maduras de amar. Este é o amor que deveria estar presente em todos os relacionamentos afetivos mais íntimos. Suas características principais residem no prazer de dar e de compartilhar. Implica cuidado, respeito e preocupação com os outros e consigo próprio. É uma maneira de amar que não reprime, não impede, pelo contrário, incentiva a espontaneidade e libera para a criatividade.

Erich Fromm diz que é muito fácil diferenciar o amor adulto do amor imaturo. Sob o ponto de vista do amor imaturo, receber amor é o que dá origem ao amor. O amor adulto segue outro princípio: dar amor é o que produz amor. O amor imaturo apenas sobrevive da necessidade que uma pessoa tem da outra. No amor normal, a necessidade pela outra pessoa cresce proporcionalmente ao que se sente por ela.

O poeta diria que no amor imaturo a preocupação está no fruto e não na flor.

Os seres humanos, nos seus encontros e desencontros, com seus defeitos e qualidades, com suas características doentias ou não, mostram mil maneiras de amar, mas todas elas se originando dessas duas formas básicas. Como, por exemplo, a maneira simples de amar, a maneira pura, a impura, a passageira, a duradoura, a generosa, a sadomasoquista, a platônica, a compulsiva e muitas outras.

TIPOS DE AMOR

Os diversos objetos do amor determinam vários tipos de amor. O mais relevante de todos eles é o amor por todos os seres humanos, ao qual, dão o nome de amor fraternal. Outro tipo de amor é o maternal, que é aquele que a mãe tem pelo filho e que vai desde a proteção e preservação do filho até o comportamento que transmite a ele o amor pela vida. Os estudiosos do amor mencionam também o tipo sexual e dizem que, erradamente, muitos o chamam de amor. Trata-se da atração sexual que, freqüentemente, leva as pessoas ao engano de supor que se amam, quando na realidade apenas se desejam fisicamente. O desejo sexual por si só, nunca será suficiente para despertar o amor verdadeiro entre duas pessoas.

Existem muitos outros tipos de amor, mas vamos mencionar somente mais um. O amor próprio, que é representado pelo cuidado, respeito e responsabilidade que a pessoa tem por si mesma. É igual ao amor por qualquer outro objeto, só que agora o objeto somos nós mesmos. Não devemos confundir esse tipo de amor com a maneira egoísta de amar. O egoísta não ama os outros e, por incrível que possa parecer, não ama a si também.

Encontramos pessoas que acreditam que a maior prova de amor reside no fato de não se amar mais nada, além do objeto amado. É um grande erro pensar assim. Se é verdade que amo alguém de uma forma madura, então pode ter a certeza que amo as pessoas, amo a natureza, amo a minha vida e a minha própria pessoa.

O verdadeiro amor é uma força propulsora que rompe os obstáculos que separam os homens e os une sem que percam a individualidade.

FUGINDO DO AMOR

É incrível como as pessoas têm medo de amar, mas o interessante é que todas querem ser amadas e, por isso, inventam defesas e comportamentos para fugirem das responsabilidades e dos riscos que todo envolvimento afetivo sadio determina. Todos querem dinheiro, poder, cultura e beleza física para atraírem as pessoas e serem amados por elas, mas nem todos têm a coragem para amar. Para certas pessoas, o temor da rejeição é tão grande e o medo do desastre afetivo é tão assustador, que passam a dificultar qualquer relacionamento que para elas possa ser emocionalmente mais envolvente.

Recordo-me de uma cliente que se julgava capaz de amar, pois afirmava que o seu maior prazer era dar felicidade para os outros. Mas a verdade era outra. Na realidade era a maneira que ela encontrava de controlar e de não se envolver afetivamente com ninguém. Até mesmo sexualmente mostrava isso, pois dizia que nunca havia conseguido alcançar orgasmos nos seus relacionamentos sexuais, mas que tal fato não lhe importava. Dar prazer ao outro era o que a deixava feliz.

Na verdade tinha medo de tirar prazer, de qualquer tipo de relacionamento, fosse ele sexual, social ou profissional. Mostrava nesses três contextos comportamentos muito semelhantes. No grupo social, sempre muito feliz no papel de anfitriã e rejeitando, quase sempre, o papel de convidada. No trabalho, sempre solícita, pronta para ajudar os outros, fazendo tudo muito perfeito e sempre sorrindo, mas nunca se permitindo ser ajudada. No sexo, sempre ativa e participante, ajudando o parceiro a realizar-se plenamente, mas nunca se realizando.

Durante o processo terapêutico acabou percebendo que esse comportamento, na realidade, era a maneira que encontrava para não se sentir dependente de ninguém, pois a fatalidade, muito cedo, lhe empurrara para esse tipo de defesa – ser amada sempre, mas amar nunca.

Contou-me que, ainda bastante pequena, perdeu seu pai em um acidente de automóvel e que sua mãe, dois anos depois, foi internada em um hospital psiquiátrico, onde veio logo a falecer. Foi criada por uma tia muito enérgica, pouco carinhosa e que lhe ameaçava sempre expulsá-la de casa.

E assim, como tinha medo de sofrer novamente, passou a rejeitar o prazer que os outros poderiam lhe proporcionar. Isso lhe dava a falsa idéia de independência, pois, se as pessoas que lhe acenavam com amor viessem por qualquer motivo a lhe faltar, não sofreria tanto. Seu grande medo era sofrer novamente por perdas afetivas e era disso que ela se defendia, deixando-se amar, mas jamais amando.

Muitas pessoas se defendem do amor inconscientemente. Existem as que sonham em amar, mas amar uma pessoa tão maravilhosa, tão formidável, tão perfeita que bem provavelmente nunca a encontrará. A partir dessa expectativa, toda ligação amorosa que porventura tenha, fatalmente, se tornará insípida e frustradora, porque a pessoa certamente não conseguirá preencher as características idealizadas.

Outras pessoas têm consciência do seu medo de amar e escolhem a solidão afetiva por já terem realmente sofrido por amor. Foram magoadas e desapontadas por antigos parceiros e não querem mais sofrer, portanto, não se arriscam mais.

É triste ver que pessoas sofrem e se amarguram, numa solidão sem fim, por não terem a coragem de enfrentar o perigo de serem traídas, abandonadas e julgadas incompetentes para manterem um amor. Geralmente acabam se tornando pessoas muito sofridas, amargas e críticas.

Existem também os que fogem dos riscos do amor amando de uma forma neurótica. Por estar ainda muito ligada à figura de um dos pais, a pessoa não consegue ter o desapego do cômodo lugar de filhinho e ter a coragem para assumir as responsabilidades de um amor adulto. Dessa forma, transfere para a pessoa amada os sentimentos, as esperanças e os temores que tinha em relação aos seus pais. Com isso, prejudica o vínculo. Espera, desse relacionamento, as mesmas satisfações, a mesma proteção e a mesma segurança que tinha, ou pensava ter, na relação com os seus pais. Essas pessoas, às vezes, são amantes até muito encantadores, mas exigem tanta proteção, tantas provas de amor, de cuidado e de admiração, que parecem verdadeiras crianças. Querem ser perdoadas sempre, mas não perdoam nunca. Querem ser endeusadas, magoam-se facilmente e se julgam sempre injustiçadas.

Quando o amor é verdadeiro perdemos o medo de correr riscos, nos entregamos por inteiro e envolvemo-nos profundamente com a outra pessoa. O neurótico não está preparado para isso e nem se expõe a isso. Se ama, o faz de uma forma captativa.

Amar e ser amado é maravilhoso, mas também é assustador, pois nos dá a impressão de se ter perdido todo o controle e de nos termos tornado totalmente vulneráveis.

Para certas pessoas, nenhum desejo é suficientemente forte para merecer seus esforços. Para elas, amar deveria ser uma coisa menos complicada e que nunca as colocasse em risco de fazê-las sofrer.

AGORA JÁ ESTOU PRONTO PARA AMAR?

Já sabemos muitas coisas sobre a teoria do amor. Falamos sobre as maneiras dele se manifestar, conseguimos enumerar alguns tipos de amor, apontamos como certas pessoas fogem dele e até chegamos à conclusão do quanto ele é necessário ao ser humano, mas, infelizmente, não conheço e não acredito em regras que nos ensinem a amar.

Podemos ler mil livros sobre o assunto, podemos conversar com pessoas mais experientes no ramo, podemos tentar controlar o coração e ter novas táticas de atuação no jogo do amor, mas será tudo em vão. A teoria não tem acesso ao coração. Freud dizia que o verdadeiro amor é um fenômeno irracional. Quando o coração decide, está decidido.

Eu só acredito e tenho absoluta certeza que, para mudar a maneira de amar, a pessoa terá primeiro que mudar a sua maneira de ver a vida e, para isso, precisará de humildade, de coragem e de perseverança.

Há mais ou menos 30 anos, meu trabalho vem me colocando diante de pessoas que me fazem as mais variadas perguntas sobre o amor, principalmente sobre o amor romântico. Logo percebem que eu não tenho muitas respostas, pois o amor é uma coisa que se sente e é difícil falar sobre o que se sente, estamos mais acostumados a falar sobre o que pensamos. O sentir é transmitido pela ação. O amor é uma ação e no mistério está o seu maior fascínio.

Para amar temos que soltar a criança que existe dentro de nós. Temos que ter a coragem de nos expor, a humildade para perdoar e o bom humor para brincar. Não podemos ter medo das pessoas, medo da intimidade, medo de sentir e de ser sentido.

No amor verdadeiro nos entregamos por inteiro e não nos envergonhamos de parecer românticos, sensíveis e vulneráveis.

Ao contrário, nos orgulhamos por estar amando.

NEM SEMPRE AS DIFICULDADES SEXUAIS TÊM ORIGEM ORGÂNICA

Sexo, gerador de relações intensas e íntimas. Liga as pessoas, faz pessoas. Cura doenças, diverte e é motivo de prazer e de felicidade para muitos. Infelizmente, para outros pode ser causa de afastamento, de desprazer, de tristeza, de apreensão e de doenças. Reprimido pelos moralistas extremados e vulgarizado pelos liberais festivos, é sempre um assunto muito delicado, pois esbarra em preconceitos profundamente arraigados e, por isso, quando falamos sobre ele, expomo-nos a críticas bastante tendenciosas.

Nem sempre as dificuldades sexuais têm origem orgânica

Uma vida sexual plena acrescenta, enriquece qualquer vida. É uma força propulsora, é um alento a mais, que fortalece o prazer de viver.

A IMPORTÂNCIA DA SEXUALIDADE

Freud afirmava ser o sexo a mais importante fonte de energia da personalidade.

O sexo é o mais forte dos instintos humanos e desempenha um papel de extrema importância na nossa saúde física e mental. Ele sofre influências de uma programação genética interna e de normas que nos são impostas pela sociedade, principalmente as recebidas nos primeiros anos de vida.

Entender de sexo, falar e desenvolver uma atitude positiva em relação a ele foi, é e sempre será de extrema importância, pois a sexualidade tem um papel de inegável relevância no equilíbrio emocional das pessoas, na adaptação delas ao meio, na harmonia dos casais, na felicidade e até na nossa saúde geral.

Hoje, todos nós sabemos que, diante de uma vida sexual inadequada, personalidades muitas vezes desabam, casais se separam, homens e mulheres podem se sentir humilhados, se angustiam, se deprimem e, por vezes, até adoecem, física e psiquicamente.

Lógico que para se ter saúde e felicidade somente uma vida sexual gratificante não é o suficiente, mas, sem sombra de dúvida, é necessária.

Uma vida sexual plena, agradável, fornece alimento para o nosso espírito e para o nosso corpo, e isso acaba refletindo favoravelmente em todos os papéis que desempenhamos. Tornamo-nos mais tranqüilos, com mais capacidade para amar, para sermos mais tolerantes e mais sociáveis.

Infelizmente, existem pessoas que não podem desfrutar de uma sexualidade plena, pois problemas psicológicos dificultam um comportamento sexual que as gratifiquem. No homem o pior deles é a "impotência" e na mulher é a "frigidez".

AS DIFICULDADES SEXUAIS

Na maneira de se comportar no seu dia-a-dia, o homem acaba espelhando particularidades da sua sexualidade.

E. Berne diz que o homem pode ser firme, rígido, cheio de desejos, ou pode ser fraco, frouxo e dobrar-se diante de qualquer oposição. E que a mulher, por sua vez, pode ser acessível, receptiva, sensível, encorajadora, ou pode ser inacessível, indiferente, triste e mesquinha. Numa das extremidades, bem provavelmente, estaria o homem potente e a mulher que se excita, que se lubrifica, que gosta de ser penetrada e que sente prazer. Na outra extremidade estaria o homem impotente e a mulher que não se excita, que não se lubrifica, que sente dores ao ser penetrada e que recebe a ejaculação passivamente.

Sob a visão da Psicologia, os problemas sexuais evidenciados nos homens e nas mulheres são perturbações da afetividade que se equivalem. Apesar de não haver nada de errado no nosso organismo, mesmo que estejamos diante de situações bastante excitantes e no momento mais decisivo, a nossa capacidade sexual pode falhar e nos deixar decepcionados.

Nos homens, as dificuldades sexuais que mais se apresentam são:

– impotência relativa a uma determinada mulher;

– impotência parcial devido a uma ereção insuficiente, ou a ejaculação precoce ou retardada, ou ainda pela impossibilidade de ejaculação;

– impotência total por falta de qualquer ereção;

– falta geral de desejo.

Existem homens que jamais tiveram uma vida sexual agradável porque sempre apresentaram um certo grau de impotência e existem aqueles que nunca tiveram problemas sexuais e que, de uma hora para outra, começam a acusar alguma forma de impotência.

Os problemas sexuais femininos podem determinar:

– mulheres que sentem desejo e que, embora com algum desconforto, alcançam um certo prazer sexual;

– mulheres que até sentem desejo, mas que não conseguem alcançar o prazer;

– mulheres que não sentem qualquer desejo e que não desfrutam de prazer sexual. Muitas dessas mulheres nunca se excitaram e nem sentiram qualquer atração sexual por alguém. Para elas, o sexo não existe, não faz parte de suas vidas, mas infelizmente são prejudicadas por isso.

Como já dissemos, não é necessário haver qualquer distúrbio ou lesão orgânica para que uma dessas dificuldades se apresente e prejudique a vida das pessoas. Muita gente pensa que o problema é sempre de origem orgânica, por isso acreditam que algum remédio ou que alguma operação irá solucionar as suas dificuldades sexuais.

Estudiosos e pesquisadores afirmam que a maioria das dificuldades sexuais advém de causas psíquicas, de origem remota ou de desfavoráveis circunstâncias psicológicas atuais.

Apesar dessa hipótese é importante que a pessoa, ao se defrontar com um problema sexual, primeiro se submeta a exames médicos, para verificar se não existem problemas físicos que estejam determinando as suas dificuldades sexuais. Somente depois de afastada essa possibilidade é que deveria procurar um tratamento psicológico.

A mulher "frígida" e o homem "impotente" não conseguem expressar satisfatoriamente seus desejos e fantasias sexuais. Inibições e repressões, incapacidade de se desligar temporariamente do seu ambiente e de seus problemas são, muitas vezes, sérios obstáculos a uma resposta sexual prazerosa.

A impotência masculina e a frieza sexual feminina são formas de autonegação. O indivíduo não se permite tirar prazer e felicidade da relação sexual e, por isso, um dos principais canais por onde o organismo descarrega suas maiores tensões se vê obstado, o que acaba, na maioria das vezes, gerando também tensões musculares crônicas, além de muitos outros sintomas.

Em síntese, se a pessoa não tem problemas orgânicos que determinem a incapacidade para o prazer sexual, fica evidente que houveram distúrbios no seu desenvolvimento psicossexual, ou que atuais causas circunstanciais adversas estão interferindo no desenvolvimento e fixação da problemática.

OS DETERMINISMOS INSTINTIVOS, BIOLÓGICOS E SOCIAIS

Não se tem mais dúvidas de que existe uma base inata ou instintiva para o comportamento sexual. Mesmo antes de o organismo estar pronto para a reprodução, já existem impulsos que nos levam à manipulação prazerosa de algumas zonas do corpo. Na puberdade, época que marca o início da adolescência, ocorrem várias alterações no corpo humano, preparando aquele organismo para a reprodução, mas bem antes disso já podemos observar evidentes manifestações da sexualidade em todas as crianças, até mesmo nas bem novas. A sexualidade não se inicia na adolescência e termina na velhice, como muitos pensavam. Ela começa quando nascemos e termina quando morremos.

A evolução da sexualidade, o comportamento sexual e a satisfação desse instinto sofrem influências e dependem direta e indiretamente não só dos impulsos biológicos e instintivos, mas também, e de maneira bastante determinante, das pressões sociais, dos freios educacionais, dos conhecimentos, das avaliações e das interpretações que fizermos a respeito do que acontece conosco e ao nosso redor. Esses impulsos e pressões não são independentes, pois o que acontece com um deles vai interferir diretamente nos outros.

A atração, a atuação e até mesmo a nossa postura diante dos assuntos sexuais estão sujeitas a influências de fantasias e desejos que, comumente, emergem de regiões da mente a que não temos fácil acesso e controle. Os desejos surgem e, muitas vezes, por serem conflitantes com os nossos padrões morais, nos expõem a fortes sentimentos de culpa que podem acabar determinando dificuldades sexuais.

Os condicionamentos morais, os hábitos, os costumes e os freios educacionais do grupo social que nos envolve, influem, poderosamente, na concepção dos nossos valores sexuais e no nosso comportamento diante desse instinto. A importância da influência cultural nos padrões de comportamento sexual é marcante e, decididamente, não pode ser subestimada.

O colorido emocional e a atitude correspondente para o assunto sexual varia muito de sociedade para sociedade e de época para época, dentro da mesma sociedade.

A importância que damos à sexualidade, como uma das mais marcantes relações sociais, não é a mesma que dão, por exemplo, na China, onde os poetas, artistas plásticos e literatos enaltecem muito mais as relações de amizade do que as sexuais.

A maneira de se comportar diante da virgindade pré-matrimonial, principalmente para a mulher, também apresenta inúmeras variações em sociedades diversas e, muitas vezes, até em classes diferentes da mesma sociedade observam-se marcantes diferenças.

Ainda hoje, existem certas populações indígenas, nas quais as relações sexuais com o sexo oposto servem apenas para a reprodução. O verdadeiro prazer sexual, para eles, está na relação homossexual.

Outro exemplo que marca bem que as influências culturais determinam variações importantes no comportamento das pessoas frente aos assuntos sexuais é o exemplo que nos fornece o povo indígena da Groenlândia. Existem pessoas que hoje estão passando por fortes crises de sofrimento, tristeza e depressão porque souberam que suas mulheres mantiveram relações sexuais extraconjugais, no entanto, é uma regra fundamental de gentileza e de boas maneiras que o homem esquimó ofereça sua casa e sua mulher para o visitante amigo passar a noite.

A beleza como atrativo sexual também pode sofrer influências sociais. O que é sexualmente estimulante em uma sociedade, ou em uma determinada época, pode ser motivo de desagrado em outra sociedade ou em outra época da mesma sociedade. Por exemplo, na África Central, a beleza feminina depende, em grande parte, da sua obesidade. Lá, a corpulência feminina é um forte atrativo sexual. Mesmo aqui entre nós, já houve época em que eram consideradas desinteressantes, sob o aspecto sexual, as mulheres magras.

Até hoje, o homem moderno ainda vê certas formas de comportamento sexual como algo pecaminoso. Essa forma de encarar o sexo vem da Idade Média. Por um longo período, os teólogos cristãos reconheciam a sexualidade relacionada apenas à reprodução. Eles encaravam o erótico como algo demoníaco. Essa forma rançosa de encarar o prazer sexual, ainda hoje produz efeitos nocivos sobre o comportamento sexual de muita gente.

Enfim, quase todas as formas do nosso organismo reagir aos estímulos, inclusive aos sexuais, são aprendidas durante a vida. Todos possuímos uma energia interna que nos impulsiona à atividade sexual. A nossa posição e o nosso comportamento diante desse instinto são poderosamente controlados e influenciados desde muito cedo, pelo ambiente que nos cerca. A educação e o amor que recebemos, como e o que aprendemos sobre sexo, o que observamos nos outros e as nossas primeiras experiências sexuais são aspectos que influirão decisivamente em toda a nossa vida sexual.

NEM SEMPRE AS DIFICULDADES SÃO PROFUNDAS

A impotência masculina em indivíduos que gozam de saúde tem suas raízes no psiquismo e podem ter origem em distúrbios emocionais profundos e minuciosos. Entretanto, existem muitos casos em que a capacidade para uma atividade sexual gratificante se vê prejudicada por problemas mais simples – por exemplo, por um medo de fracasso. Esse medo pode conduzir a pessoa a um círculo vicioso bastante negativo. A pessoa vai para o ato sexual com medo de fracassar e acaba fracassando. Este novo fracasso aumenta o medo posterior que, por sua vez, levará a novos fracassos. Como se vê, infelizmente, a nossa cabeça às vezes apronta-nos sérias dificuldades e por pura sugestão nega-nos o prazer sexual.

Os reflexologistas dão o nome de Neurose de Espera à dificuldade de realizar uma determinada tarefa devido à expectativa ansiosa do fracasso. Dizem eles que pelo mecanismo da auto-sugestão, fixa-se uma atitude negativa e ansiosa diante da perspectiva de execução da atividade. Isso quer dizer que, às vezes, a dificuldade real causada por algum fato qualquer e que nem sempre é reincidente, estabiliza-se como estereótipo impróprio e indesejável. Nessa altura, se as pessoas procurarem a psicoterapia, na maioria das vezes, serão grandemente auxiliadas, mas, infelizmente, muitos indivíduos deixam de fazê-lo devido à própria natureza de sua formação social. São machistas ou puritanos demais para se permitirem expor seus problemas sexuais, até mesmo a terapeutas especializados. O que é uma pena, pois continuarão vivendo com tais problemas e correndo o risco de que isso acabe contaminando todos os demais aspectos de sua vida.

Por sua vez, a frigidez feminina também pode ser determinada por problemas graves que estão escondidos no inconsciente. Todavia, existem casos de frigidez que são motivados direta ou indiretamente por causas mais simples, por exemplo, pela maneira de certos homens pensarem e atuarem sexualmente. Existem mulheres que são apontadas como sexualmente insensíveis, mas que na realidade são até mais capazes de obterem satisfação no ato sexual do que muitos homens que se dizem potentes. O que pode estar errado nelas não é a capacidade sexual e sim uma porção de preconceitos e de falsas noções que lhe foram transmitidos por pessoas que pensam e agem sexualmente errado. Por exemplo, pensam e acabam fazendo apologia que a mulher tem que ter prazer completo em todo ato sexual e que ela só será considerada sadia e madura sexualmente quando tiver capacidade de alcançar o chamado orgasmo vaginal. Mal sabem elas que através de pesquisas, Master e Johnson já demonstraram ao mundo que o orgasmo feminino é sempre obtido através da estimulação da área clitoridiana. Mesmo quando há orgasmo com penetração foi a fricção do pênis que, estimulando o clitóris, produziu o prazer.

Finalizando, gostaria de reafirmar que a sexualidade, como quase tudo na vida, tem sempre dois aspectos. Para que o aspecto ruim não emerja e nos traga aborrecimentos, dificuldades e sofrimentos, precisamos estar atentos à nossa saúde. Mas não podemos esquecer que saúde não é somente a ausência da doença. O homem realmente saudável procura também satisfazer as leis da natureza, não se permitindo ser conduzido apenas pelas imposições sociais. E isso não se consegue facilmente. Somente com a capacidade de um verdadeiro malabarista é que podemos equilibrar o binômio mente e corpo diante das forças da natureza e das imposições morais, éticas e religiosas.

O IMPACTO DAS EMOÇÔES NO NOSSO ORGANISMO

Nasci.

Apanhei para respirar, respirei para viver. Tenho certeza de que respirava bem. Inspirava o que podia e expirava o que devia.

Como era agradável respirar. Respirar fundo e livremente, sem nenhuma inibição, sem nenhuma repressão.

E fui crescendo.

Quanto melhor eu respirava, mais energia recebia, a vontade de viver aumentava e do estresse me defendia.

Organismo bem oxigenado, corpo energizado.

A boa respiração libera-nos para a emoção, o corpo entra em ação, a vida passa a ter expressão e adeus ao estresse e à depressão.

Mas foram me educando.

Freios foram me colocando e pouco a pouco fui mudando. Fui me socializando e, que pena, a respiração fui bloqueando. Fui inibindo a respiração para não falar o que devia e para não expressar o que sentia. Inibi a respiração para não sentir a emoção e não expressar a tristeza, a alegria, o medo, a raiva e a paixão.

E fui enrijecendo; perfeccionista, competitivo acabei sendo.

A ansiedade e a depressão foram chegando. O sono, o apetite e o desejo sexual foram me deixando.

Era o estresse se anunciando e de uma vida saudável me afastando. Mas não vou me deixar apanhar, pois a minha maneira de ser vou mudar. Quero voltar a respirar e pôr o estresse no seu devido lugar. Vou nascer novamente, para uma vida bem diferente. Sem ser negligente vou viver mais relaxadamente, mais alegre e muito mais intensamente.

Fabio

O impacto das emoções no nosso organismo

Não são os acontecimentos da vida que determinam as doenças, e sim a maneira de a pessoa responder a eles. O grau de desgaste do nosso organismo depende da forma com que nos adaptamos às tensões, até mesmo as do cotidiano.

O BINÔMIO MENTE-CORPO

Por que será que ele não está contente com a vida? Porque está doente. E por que está doente? Porque não está contente com a vida.

O que expressamos no exterior reflete o que ocorre dentro do organismo. O que ocorre no organismo mostra o que está acontecendo no nosso psiquismo.

A nossa mente e o nosso corpo formam um binômio que se integra, de tal forma, que é quase impossível que um se altere sem mexer no equilíbrio do outro. Cada emoção é também um acontecimento físico e vice-versa.

Todo ser humano é submetido constantemente a estímulos físico-ambientais, afetivo-sociais e culturais que lhe determinam reações orgânicas e psíquicas. Não existe possibilidade alguma de uma pessoa viver sem sentir, em determinados momentos, os efeitos dessas reações. Fotografias eróticas podem determinar excitação e até orgasmo; certas expectativas aceleram o ritmo do coração; a vergonha nos faz corar. O medo dos exames pode provocar distúrbio intestinal; o desespero e a tristeza nos levam à inapetência. Até uma simples novela de televisão pode nos causar emoções que mexem com o nosso equilíbrio interno. Tudo o que se passa ao nosso redor é sentido pelo nosso corpo. Todas as sensações são percepções corporais. Todavia, a mesma situação que pode fazer mal a uma pessoa, pode representar uma experiência extremamente agradável a uma outra. Qualquer estímulo exterior só nos fará mal quando as propriedades estabilizadoras do corpo não conseguirem manter a constância do seu .equilíbrio e isso dependerá muito do que se passa na nossa cabeça.

O ESTRESSE

Desde que foi empregada por Hans Selye, a palavra *stress* tem sido usada como nenhuma outra, ao ponto de alguns dicionários brasileiros a nacionalizarem para "estresse".

Entende-se por estresse as inúmeras reações orgânicas e psíquicas provocadas por diferentes agentes agressores.

Como já disse anteriormente, não existe possibilidade alguma de uma pessoa viver sem sentir, em determinados momentos, um certo grau de estresse. Não são só os traumas ou os problemas intensos que causam perturbações em nosso organismo. Ter de encontrar aquela moça pela primeira vez, atravessar a avenida no momento de muito movimento, viajar para um país estranho ou, até mesmo, a alegria de algumas situações pode ser suficiente para que os mecanismos de estresse do corpo humano se manifestem. Quando experimentamos uma forte emoção, mesmo a causada por um filme, ocorrem secreções de hormônios e a química corporal sofre alterações. Quando ficamos expostos a um estado prolongado de perturbação emocional, nosso psiquismo é capaz de fazer desencadear uma reação excessiva de hormônios que poderá produzir uma doença.

O pensamento de que toda a situação estressante faz mal não confere. Até que, muitas vezes, uma situação dessas pode servir de *champignon* no molho de nossas vidas.

Qualquer emoção, qualquer atividade pode causar estresse, mas, para que isso realmente nos afete, dependerá exclusivamente de como iremos nos posicionar diante dos fatos.

O estresse não é doença, não é o mal. Na verdade, ele nada mais é do que o organismo reagindo aos estímulos que, em determinadas situações, a vida nos oferece. Quando esses estímulos são permanentes e a nossa capacidade de adaptação não for suficiente, pode então surgir a doença.

Para fugir das situações estressantes, faça o seguinte: ganhe na "Sena" sozinho, jogue todos os seus problemas para o ar e se mande para uma ilha paradisíaca; mas, mesmo assim, prepare-se, pois a própria "mãe natureza" tem seus agentes estressantes.

Como o conselho acima é impraticável, as pessoas tentam melhorar suas resistências ao estresse de mil maneiras: correndo, jogando tênis, nadando, pulando corda, indo a pé para o trabalho, fumando menos, relaxando, meditando e muitas outras. Lógico que os exercícios e todas essas providências são profiláticas, mas infelizmente, muitas vezes, não são suficientes para evitar que as pessoas desabem.

Os engenheiros, por vezes, dizem que uma determinada estrutura de concreto desabou porque estava estressada. Se o homem não se cuidar perde a resistência e desaba, e aí, para reerguê-lo, não é tarefa das mais fáceis.

Percebe-se que uma pessoa está desabando quando se torna insatisfeita com os outros e consigo mesma; tudo passa a lhe irritar, mostra-se ansiosa e preocupada, tensa e indolente, sonolenta e com insônia, e também incapaz de experimentar prazer e alegria. Buscará companhia quando estiver só e vai querer ficar só quando estiver com os amigos. Fica muito difícil agradá-la e aturá-la. Se nessa altura não se tratar, fatalmente adoecerá.

FUGINDO DO ESTRESSE

E o que devemos fazer então para não desabarmos? Como sabemos, saúde é a capacidade que o organismo tem de manter-se em equilíbrio. Como é impossível evitar situações que nos exponham ao desequilíbrio, pois até mesmo as pressões do cotidiano podem ser tão perigosas para a nossa saúde quanto as bactérias e a desnutrição, chega-se então à óbvia conclusão de que a nossa saúde vai depender, sempre e muito, da nossa capacidade de adaptação às situações que a vida nos apresenta. Além da necessária melhora física, já mencionada e tão importante, não podemos esquecer da parte emocional. Se queremos melhorar a nossa saúde, precisamos aprender a controlar a nossa mente.

Para podermos sustentar um determinado peso, precisamos de condições físicas adequadas. Mesmo tendo essa condição física, se não tivermos disposição psíquica para isso, o esforço terá de ser redobrado. Sentindo a dor do esforço, procuraremos largar o peso. Se isso não for possível, a tensão muscular aumentará e o músculo terá espasmos. Quando um músculo alcança um espasmo vai se manter contraído até que a situação estressora seja removida. Nesse exemplo que está sendo mencionado, não é o peso o responsável pelo mal e muito menos a incapacidade física de sustentá-lo. O erro reside exatamente na não disposição psíquica para carregá-lo.

As condições do mundo moderno não facilitam e nem diminuem o peso que temos de carregar pela vida afora. Parece que a substituição das condições naturais da vida, feita pelos seres humanos civilizados, que determinaram novas maneiras de viver, de pensar, de ser e que melhoraram a saúde das pessoas, que diminuíram a mortalidade, que tornaram os indivíduos maiores e mais fortes não foram suficientes para satisfazer a necessidade de segurança que há no fundo de cada um de nós. Tem-se a impressão de que o desenvolvimento da tecnologia, da higiene e da educação não são tão formidáveis quanto demonstravam inicialmente e que esse desenvolvimento acabou nos expondo a mais tensões, mais ansiedades e mais riscos do que quando se vivia mais naturalmente. No mundo atual, parece que tudo é perigoso e passível de nos fazer mal. E haja cabeça, haja saúde para enfrentar os perigos, as ansiedades e as exigências econômico-sócio-culturais que o mundo moderno nos apresenta.

Que Deus nos ajude! Ajude a desbloquear a capacidade que todos possuímos para resistir razoavelmente à dor e nos permita desenvolver uma postura otimista diante das adversidades. Que nos libere a coragem de conhecer os nossos próprios sentimentos e de expressar as nossas emoções, mesmo que isso nos oponha a certas idéias e a certas pessoas. Que nos capacite a conviver com algumas culpas e perdoar muitos dos nossos erros. Que nos dê muita vontade de viver e uma adequada auto-estima e, assim, acredito que a vida com todos os seus "pesos", com todas as suas desordenadas, inesperadas e difíceis alterações se torne apenas e somente uma grande, difícil, porém agradável experiência que nos foi permitido vivenciar.

Para os que gostam de conselhos mais objetivos, aqui vão alguns que poderão auxiliar na luta contra o estresse.

– Seja paciente e não tente encarar todos os seus problemas de uma só vez. Aprenda a esperar por uma situação mais propícia para resolvê-los.

– Não queira ser herói a todo custo. Competir é bom e, às vezes, até necessário, mas cuidado com o exagero.

– Conheça seus limites, não carregue o mundo nas costas. Saiba delegar funções e responsabilidades.

– Busque maneiras de aliviar as tensões diárias. Descubra atividades que lhe dêem prazer.

– Um bom bate-papo com amigos sobre suas preocupações ajuda a diminuir possíveis angústias.

– O choro não é privilégio dos fracos. Pelo contrário, é uma forma saudável de aliviar certas pauladas que a vida nos dá.

– Melhore seu processo respiratório. Faça exercícios físicos. Eles ajudam a acabar com o nervosismo e com a raiva, prevenindo, assim, o surgimento de sintomas orgânicos.

– Saiba perdoar e aprenda a gostar da vida. O desejo de viver é a melhor vacina contra todas as enfermidades.

– Finalmente, não se esqueça que preocupar-se exageradamente com o estresse poderá determiná-lo.

Atente

O homem normal não é diferente,
Nele o medo não está ausente.
Só que enfrenta o perigo presente
De maneira adequada e condizente.

O medo normal é decorrente
De um perigo objetivo e evidente.
Determina uma sensação inconveniente,
Mas uma reação proporcional e pertinente.

A fobia é um mal crescente
De uma sociedade descontente.
Torna o homem penitente
De um problema inconsciente.

A ansiedade é um mal-estar irreverente,
Às vezes bastante insistente.
É um sentimento de desgraça iminente
Que advém de um perigo inevidente.

A ansiedade é freqüente
Em mim, em você, em todo vivente.
Com ou sem ela vá em frente,
Não se intimide para não acabar doente.

Para ter uma vida atraente
Você não precisa ser valente.
Mas para não se tornar um tímido descontente,
Não pode ter medo de gente.

Quando o medo é impertinente,
Não se permita ser indolente.
Encare-o, lute, seja renitente
E ele desaparecerá infalivelmente.

Fabio

Não tenha medo de sentir medo

Quando nos deparamos com uma situação de perigo evidente, que nos intimida fisicamente, que ameaça a consecução de um objetivo ou que põe em risco a nossa felicidade, a nossa individualidade, podem surgir várias reações psicossomáticas, produzidas fisiologicamente pela secreção de adrenalina, que tem a única finalidade de nos preparar para a fuga ou para o combate. Estamos falando de medo de raiva e de ansiedade.

O MEDO

Será que existe gente tão valente ao ponto de não ter medo de nada? O que seria do homem que conseguisse se desvencilhar de todos os medos? Bem, provavelmente ele se tornaria desumano, prepotente e intratável; os seus instintos não teriam freios, não recuaria diante de nada e todos estariam a seus pés. O medo faz parte da alma humana; não acredito que haja alguém que possa afirmar que nunca tenha sentido medo.

Entretanto, o medo não nasce com o homem, não é uma emoção instintiva, é um fruto, não muito doce, do ambiente que nos envolve. Uma vez bem observado este fenômeno psicossocial, logo veremos que ele possui uma série de vantagens. Assim como há sofrimentos que nos amadurecem e dores que nos purificam, há medos que são úteis. O medo, seguindo uma antiga definição, é uma sensação desagradável e logicamente fundada. Vem da presença e do conhecimento do perigo e sua característica fundamental está na fuga. Caracteriza-se o medo como normal, quando a reação que ele desencadeia é proporcional à situação de perigo evidente e objetiva que nos deparamos. Nesses casos, a reação é natural e não devemos nos envergonhar de demonstrá-la, pois nada mais é do que o organismo se preparando, como um todo, para fugir ou para enfrentar o perigo.

O medo e a raiva pertencem ao mesmo grupo de emoções. A. Lowen fala, em um de seus livros, que se o sentimento é de raiva o organismo prepara-se para o ataque e quando é de medo, nos predispõe para a fuga. Quando é negado a uma pessoa o direito de manifestar sua raiva ela se torna indefesa. Diz ele que, quando estamos com medo, a excitação, quase sempre, fica retida no pescoço e nas costas, os ombros se levantam, põe-se a cabeça para trás, arregalam-se os olhos e recolhe-se o quadril. É interessante como certas pessoas demonstram sempre esta atitude corporal, evidenciando um constante estado de medo.

A. Lowen comenta ainda que o medo e a raiva são emoções que nos fornecem energia para correr ou para enfrentar o perigo, para nos paralisar ou para nos movimentar energicamente. São emoções tão próximas que, quando menos se espera, um sentimento pode se transformar no outro. Se uma pessoa que estava assustada resolve atacar, o medo desaparece e a raiva surge. E da mesma forma, quando o atacante recua, começa a aumentar o seu medo e acaba perdendo a raiva.

Como se vê, a melhor maneira de se enfrentar o medo é com uma boa dose de raiva, porém, nem sempre o medo deve ser combatido, pois ele, num grau adequado, tem características moderadoras e disciplinadoras, e até propulsoras de progresso.

Não foi o medo das infecções que nos levou até os antibióticos?

AS FOBIAS

O homem, naturalmente, demonstra medo quando se vê ameaçado por um perigo qualquer. Olhando por esse prisma, o medo é normal. Entretanto, quando a reação é desproporcional e a situação de perigo nem sempre é muito evidente, do medo passamos para a fobia.

Dizem que o uso excessivo de uma qualidade torna-se um defeito. Ter medo é necessário, pois nos alerta do perigo, mas quando é obsedante, excessivo e desproporcional, a um perigo não muito objetivo e irracional, podemos dizer que estamos diante de um defeito psicológico, comumente chamado de fobia. No medo normal o perigo realmente existe. Na fobia, a causa do medo é concreta, mas o perigo não é compreensível. Conheço pessoas extremamente corajosas, mas que, diante de uma barata, entram em pânico.

Existem vários tipos de fobias. As mais comuns são as fobias de objetos, fobias de lugares, fobias de elementos da natureza, fobias de doenças e fobias de seres vivos ou mortos.

Toda fobia é um sintoma neurótico e tem suas raízes no inconsciente. Por mais incompreensível e irracional que seja é sempre um mecanismo que simboliza conflitos íntimos. O nosso psiquismo funciona de uma maneira astuta, marcadamente simbólica. Há sempre uma relação entre o sintoma aparente e os problemas íntimos que não se tem a

coragem de enfrentar. Toda fobia tem como missão o disfarce de um problema, de um desejo que se contrapõe aos nossos preceitos e, por isso, é por demais incômodo à nossa consciência. É uma forma de fugirmos de nós mesmos.
"Fale-me de suas fobias, que eu lhe falarei dos seus desejos."

A ANSIEDADE

As reações emocionais de medo normal, de medo fóbico e de ansiedade, têm em comum o fato de determinarem ao organismo um estado de sensação desagradável. Freqüentemente determinam reações fisiológicas bem parecidas, tais como: palpitações, tremores, perturbações do controle dos movimentos, dificuldade respiratória e muitas outras. Por isso, muitas vezes, as pessoas não conseguem estabelecer diferenças entre a fobia, o medo e a ansiedade.

Lembro-me de uma definição de ansiedade que afirma ser ela um estado de dor moral e de incerteza, acompanhado geralmente por sensação de constrição física. Esta sensação física de compressão constitui a angústia. Portanto, como se vê, sente-se a angústia e pensa-se a ansiedade.

K. Horney diz que a ansiedade parece estar sempre ligada ao receio de perda da individualidade e da liberdade e que ela surge como resultado da ameaça de valores que o indivíduo considera vitais para a sua segurança.

Dela ninguém escapa, pois até mesmo a simples preocupação pela aprovação ou desaprovação social pode gerar ansiedade. O receio de um exame, ter de falar em público, a expectativa de um encontro são, por exemplo, fatos que podem determinar um certo grau de ansiedade, que dependerá, obviamente, da sensibilidade de cada indivíduo. A ansiedade, até certo ponto, deve ser tolerada e bem aceita, pois ela, assim como o medo, nos avisa que há algum perigo rondando.

Em um grau elevado, a ansiedade pode gerar a sensação de que, a qualquer momento, uma enorme desgraça irá desabar sobre as nossas cabeças. A ansiedade intensa é a pior das aflições que uma pessoa pode ter. Quem já experimentou sabe muito bem que não estou mentindo. É uma sensação de se estar sozinho e indefeso diante de um mundo ruim, persecutório e agressivo. Ficamos pálidos, os músculos perdem o tônus, nossa pressão arterial e a freqüência cardíaca disparam, a boca seca, suamos frio, a respiração fica mais profunda e mais freqüente. Se este estado emocional for prolongado, poderá haver uma sensação de forte tensão, inquietação e repetição de movimentos agitados, quase sempre estereotipados.

Há pessoas que se comportam adequadamente diante de perigos reais, mas que, num estado de ansiedade, ficam apavoradas, paralisadas e se sentem impotentes e desamparadas.

A intensidade da ansiedade é diretamente proporcional ao significado que a situação tem para a pessoa. Porém, há indivíduos mais predispostos às reações ansiosas do que outros. O estado de ansiedade mais intensa tem mais probabilidades de surgir nos indivíduos inseguros, que são menos capazes para assumir responsabilidades, que se queixam com freqüência, que têm muitas dúvidas quanto às suas capacidades, que se culpam excessivamente, que superestimam seus problemas, que sempre antecipam o pior, que são muito dependentes de certas figuras-chave, normalmente mãe, marido e esposa.

Um alto grau de ansiedade acusa que algo está fora de sintonia e que a pessoa necessita de ajuda. Apoio, persuasão e conselhos não são suficientes para acabar com os males que um estado ansioso possa estar determinando. A ajuda real consiste em descobrir o significado que as situações que fazem surgir a ansiedade tem para a pessoa.

Se não soubermos administrar as nossas ansiedades, fatalmente nos tornaremos neuróticos. E as mulheres que se cuidem mais, pois pesquisadores como Mayer Gross, Slater e Roth afirmam que a incidência de sintomas ansiosos são maiores nas mulheres.

Ainda bem que a cota de ansiedade que temos que administrar diariamente é, para a maioria das pessoas, moderada e bastante suportável.

O MEDO DE SENTIR MEDO

Adaptamo-nos ao meio social da mesma forma que ao meio físico. Assim como as atividades fisiológicas modificam-se para favorecer a sobrevivência do corpo, as funções mentais também orientam-se de modo a ajustar-nos ao nosso meio. Quase sempre, não é sem esforço que recebemos, do grupo ao qual pertencemos, a posição social que pretendemos ocupar dentro dele. Prazeres, saber, poder e saúde são as qualidades que os indivíduos mais desejam possuir. Aprendem a gostar do dinheiro, desenvolvem o apetite sexual, a ambição, a curiosidade, mas, muito cedo, também percebem que vão ter que conquistar o que desejam, pois o meio em que vivem não lhes facilita a obtenção dos seus objetivos e, muitas vezes, mostra-se até bastante hostil.

A maneira de o indivíduo reagir ao seu meio social depende da sua personalidade. Há os que se adaptam lutando e há outros que tentam se ajustar fugindo. Foi através de luta, da não acomodação, que cientistas desenvolveram a medicina, homens construíram grandes nações, esportistas conseguiram novos recordes, enfim, foi graças à coragem e à determinação de muitos homens que a humanidade alcançou o grau de evolução que apresenta hoje.

Infelizmente, nem todas as pessoas se propõem a este tipo de ajustamento. Existem aquelas que se acomodam até um nível social em que a competição deixa de ser necessária. Geralmente são pessoas amedrontadas. Têm medo de tudo e de todos. Procuram não enfrentar nada que possa por em risco sua pessoa, seus valores, sua liberdade. Têm muito medo de não serem aceitas, por isso, preferem não dar opiniões, nem expressar sentimentos. Não dizem, não contradizem, não incomodam. Acomodam-se a um viver pequeno. Intimidam-se diante das incertezas da vida e apavoram-se com a convicção da morte. Em conotação com outras pessoas, falta-lhes a coragem de ousar, de lutar, de insistir na consecução de seus objetivos. Quase sempre desistem antes de alcançar suas metas. Acabam se tornando pessoas sofridas, insatisfeitas consigo mesmas e com a vida que levam, mas não fazem nada para mudar, pois os medos que teriam de enfrentar, diante de uma nova postura de vida, lhes dão muito "medo". Morrem de medo dos medos que o processo de mudança provocaria. Por isso, não fazem nada. Preferem ficar quietos em seus pequenos lugares, vez ou outra emitindo um leve suspiro. São homens que perderam o controle dos seus destinos, por isso, terão de se contentar com o que vier.

O homem sadio mostra-se bem diferente. Possui uma adequada resistência à fadiga, ao medo e à ansiedade. Sua preocupação quanto à sua saúde e à sua segurança não é excessiva. Sabe distinguir o real do imaginário, o necessário do desnecessário, o urgente do desimportante. O que os outros pensam e falam dele nunca lhe tira o sono. Considera-se apto a agir, a pensar, a amar, a enfrentar, a conquistar...

A um passo da velhice

A nossa vida é uma montanha arredondada que precisamos escalar e descer. Alcançamos o seu ponto mais alto lá pelos 30 a 40 anos. Nesta idade estamos na plenitude da força do físico e da alma. Daí para a frente começa a descida que poderá ser lenta ou rápida, agradável ou sofrida, estúpida ou gloriosa, depende muito de nós. É o entardecer que nos prepara para um dormir gostoso.

UMA IMPORTANTE FASE DA VIDA

É meu filho, a velhice também vai te pegar. Ela chega para todo mundo – para os feios, para os bonitos, para os ricos e para os pobres – para isso basta não morrerem antes. Logo, quando você menos esperar, estará velho como eu e aí você vai ver como a "velhice é brutal". Já ouvi diversas vezes idosos argumentarem isso para os mais jovens. Parece até que estão rogando uma praga e ameaçando-nos com um castigo infalível que a natureza reserva para todos aqueles que viverem o suficiente.

Será que a velhice é tão ruim quanto falam? Acho que deveríamos nos preparar para ela com menos medo e com menos preconceitos. Por vezes esquecemos que vamos envelhecer e corremos o risco de não nos preparar para conviver bem com essa importante fase da vida. Algumas pessoas se mostram tão despreparadas que chegam ao ponto de acharem que a velhice significa doença, solidão, tristeza, alienação e anedonia, que é a incapacidade para o prazer, seja ele qual for. Outros, também despreparados, chegam à pretensão de se colocarem contra as leis da natureza, exigindo dos seus músculos e do seu organismo mais do que eles podem lhes oferecer. Em vez de pouparem as energias, expõem-se a excessos para provar aos outros e a si mesmos que ainda são jovens.

O maior desejo do homem é a eterna juventude. Todos os cientistas, sábios e charlatães, que tiveram esse sonho amargaram a mesma derrota. O segredo maior ainda é desconhecido. Infelizmente, ninguém conseguiu descobrí-lo e continuamos envelhecendo. Vão passando os anos e vamos perdendo o vigor de nossos corpos, a agilidade e precisão dos movimentos, os cabelos se tornando grisalhos, as artérias se enrijecendo, a pele se enrugando e, se não estivermos atentos, começaremos a crer que a vida está perdendo o seu colorido e que a nossa morte, para muitas pessoas, seria bem vinda. Podemos nos tornar mais insensíveis ao ponto de não percebermos os sentimentos alheios e nem mesmo as nossas próprias emoções. Muitos velhos acham que a emoção, seja ela qual for, desgasta, consome energia e por isso colocam-se dentro de uma armadura, não permitindo mostrar, nem perceber emoções. E assim, infelizmente, muitas pessoas, quando chegam à velhice, passam a sentir um ódio oculto contra as pessoas mais jovens que demonstram alegria e desembaraço no viver.

Devemos agradecer a ciência por aumentar a longevidade do ser humano, mas, paralelamente, é de extrema importância que se descubram maneiras de evitar a forma inconveniente de envelhecer. A qualidade de vida deve ser mais importante do que a duração da vida. Podemos envelhecer sem sermos amargos, egoístas, insensíveis, estúpidos e inúteis.

Alcançar a velhice significa chegar a uma nova fase da vida, em que o jogo é quase o mesmo, mas com regras bem mais brandas, pois os competidores já estão um tanto cansados e desgastados. Este jogo poderá ser bom ou ruim, dependendo, quase que exclusivamente, de como nos preparamos para ele e de como vamos nos comportar durante ele. Como nos outros jogos que já jogamos, o jogo da velhice exigirá flexibilidade e capacidade de adaptação às novas exigências, só que agora as exigências serão feitas a um organismo que está mais cansado, menos intacto e mais vulnerável. Além disso, vamos jogar diante de uma platéia que não nos vê com bons olhos. Entretanto, quando alcançarmos essa fase da vida, já deveremos possuir a segurança, a experiência e a sabedoria suficientes para nos isentar da tola obrigação de ficar provando coisas para os outros. Chega de tensões e de ansiedades. Agora é hora de viver com menos obrigações, mais tranqüilamente, com mais liberdade, com menos força, mas com mais sabedoria, com mais serenidade, com humor e dignamente.

A força e a beleza do jovem derivam dos seus músculos e da harmonia do corpo, as do velho se mostram através do seu estado de espírito.

NÃO HÁ GRANDES IMPEDIMENTOS

A velhice, por si só, não impede que a pessoa acorde reanimada e revigorada após uma boa noite de sono. Não impossibilita a capacidade de saborear o alimento, de apreciar um passeio, de se entreter com um bom programa de televisão e, muito menos, não nos tira o prazer de um gostoso bate-papo com amigos. A velhice não deve servir de desculpa para o desinteresse pela música, pelas artes e pelos acontecimentos políticos, sociais ou esportivos. Enfim, a velhice não deveria servir de justificativa para comportamentos neuróticos, cujas manobras, freqüentemente inconscientes, determinam a impotência, a doença, a fraqueza e as lamúrias constantes. Manobras que têm como objetivo a obtenção de atenção, de carinho, de controle e de ascendência sobre os outros.

Erich Fromm, em um de seus livros, nos ensina que o declínio do vigor físico, determinado pelo envelhecimento de uma pessoa, não está associado ao enfraquecimento da personalidade, nem à diminuição dos seus poderes intelectuais e emocionais. Esclarece que inúmeros exemplos comprovam que a pessoa que vive produtivamente antes da velhice continuará a desenvolver as qualidades emocionais e mentais que alcançou durante a juventude, apesar do rebaixamento do vigor físico que a velhice possa determinar. Diz ainda que a decadência da personalidade na velhice indica que a pessoa não conseguiu viver produtivamente antes de ela ter chegado.

Não sei por que a velhice amedronta tanto. Ela não é tão feia quanto pintam. Acredito que o indivíduo que leva uma vida improdutiva acaba tendo mais medo da velhice do que deveria. Lógico que ela nos traz algumas restrições e coloca-nos mais próximos da morte. Mas o medo da morte não é privilégio dos velhos e aprender a conviver com limites é uma das condições para todos nós vivermos bem, velhos ou moços.

Não é certo que se tenha dó dos velhos ou de nós mesmos por estarmos envelhecendo. Todas as coisas podem ser boas ou más, dependendo do uso que fazemos delas.

Se soubermos aceitar bem a velhice, mostrando bom humor e tranqüilidade; se tivermos sempre a certeza de que não somos velhos demais para aprender; se aceitarmos as limitações físicas com dignidade; se conseguirmos nos desvencilhar de pensamentos saudosos e doloridos do passado; se nos desprendermos das preocupações com o futuro e soubermos viver apenas o momento, então estaremos bem e a nossa atuação será aceita e aplaudida. Estaremos dando uma lição de vida, seremos admirados e, sem dúvida, estaremos ajudando a diminuir o medo que as pessoas têm de envelhecer.

Estaremos vivendo e não apenas existindo.

Epílogo

Nasci.
Envelheci. E um dia vou morrer.
Como os animais, gostaria de ter sido poupado.
Eles não sabem que vão morrer. Não sofrem a ansiedade, a ansiedade da morte. Como eles, quero morrer apenas uma vez, então me poupo e não penso. Prefiro viver plenamente todos os momentos, por isso me poupo e não penso. Não perco momentos pensando na morte. Sou dono dos meus pensamentos. Só penso na vida. A morte me assusta, por isso vou me assustar apenas uma vez. Quando não sei e não me interessa saber.
"Sei que vou morrer, não sei a hora", diz a música e é verdade. Só vou morrer quando chegar a hora, nunca antes disso. Por isso me poupo e não penso.
Não permitirei que o medo me mate todos os dias, então me poupo e não penso.
Não procuro a perfeição. Procuro apenas viver, viver intensamente. Antes de morrer quero viver sem medo, mesmo que tenha que correr alguns riscos, tenha que me opor a certas idéias, contrariar algumas pessoas e não levar a sério muitas coisas.

Sei que sou velho, mas na emoção ainda quero me encontrar. Quero sentir o abraço, ouvir novos sons e, com humildade, continuar aprendendo. Com os olhos abertos quero encontrar meus próprios caminhos. Quero expressar minha individualidade. Quero viver sem medo, viver enquanto existir.

Jamais permitirei que a certeza da morte mutile a beleza da vida.

Trago comigo a esperança de que nem a morte me impedirá de continuar vivendo.

Fabio

Bibliografia

BERNE, Erich.: "Sexo e Amor", Rio de Janeiro, José Olympio Editora.
DÓRIA, Madre Cristina S.: "Psicologia do Ajustamento Neurótico", Rio de Janeiro, Editora Vozes Ltda.
DURANT, Will.: "Filosofia da vida", São Paulo, Cia Editora Nacional.
FROMM, Erich.: "Análise do homem", Rio de Janeiro, Zahar Editores.
____ "A Arte de Amar", Belo Horizonte Editora Itatiaia Ltda.
GROSS, Mayer, Slater e Roth.: "Psiquiatria Clínica", São Paulo, Editora Mestre Jou.
HORNEY, Karen.: "Personalidade Neurótica do Nosso Tempo", Rio de Janeiro, Editora Civilização Brasileira S.A.
LOWEN, A.: "Prazer – Uma Abordagem Criativa da Vida", Círculo do Livro S.A., São Paulo, Summus Editorial Ltda.
MASTER, W.; JOHNSON, V. E.: "A Incompetência Sexual", Editora Civilização Brasileira S.A.
MORENO, J. L.: "Psicodrama", Buenos Aires, Ediciones Horme.

NASCIMENTO, A. e Outros: "Introdução à Reflexologia", Rio de Janeiro, Sinal 2 Editora.

NIETZSCHE, F.: "Obras Incompletas, Os Pensadores", São Paulo, Abril Cultural.

PAVLOV, I.: "Reflexos Condicionados", Rio de Janeiro, Zahar Editores.

SPITZ, R. A.: "El Primer Año de Vida del Niño", Espanha, Editora Aguilar S.A.

____ "A formação do Ego", São Paulo, Martins Fontes Editora S.A.

Faça hoje mesmo o seu Cadastro na Ícone Editora.
É fácil, basta você preencher o cupom abaixo e enviá-lo para nós.
Assim estaremos mais próximos de você, para comunicá-lo de novos lançamentos, eventos, palestras, tudo com o tratamento Ícone.

Nome: _____

Endereço: _____

Estado: _____ **Cidade:** _____

Bairro: _____ **Cep:** _____

Tel.: _____ **Res.** ☐   **Com.** ☐

Profissão: _____ **Data de Nasc.** _____

Áreas de interesse:

☐ Agropecuária   ☐ Auto-ajuda   ☐ Biografias
☐ Ciências-Médicas   ☐ Corpo livre   ☐ Dietas/Tratamento
☐ Didáticos   ☐ Esportes   ☐ Esoterismo/Ocultismo
☐ Fisioterapia   ☐ História/Política ☐ Infantis
☐ Jurídicos   ☐ Medicina-Oriental ☐ Otimismo
☐ Psicologia/Psicanálise ☐ Quadrinhos   ☐ Recreação/Teatro
☐ Saúde   ☐ Sociologia   ☐ Técnicos
☐ Paradidáticos   ☐ Umbanda   ☐ Veterinária
☐ Outros: _____

Envie este cupom preenchido para

Ícone Editora Ltda
Rua das Palmeiras, 213
Santa Cecília - São Paulo - SP - CEP 01226-010

Impresso nas oficinas da
EDITORA FTD SA
Avenida Antonio Bardella, 300
Fones: 6412-1905 e 6412-8099
07220-020 GUARULHOS (SP)